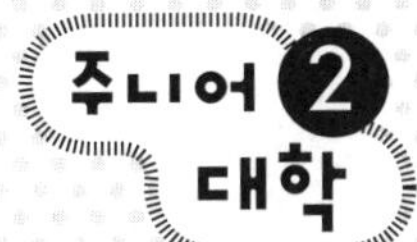
주니어 2
대학

글쓴이 | **김찬호**

대학에서 사회학을 전공하고 성공회대학교 초빙교수로 재직하고 있다. 대학에서는 문화 인류학,
사회학, 교육학을 강의하고 있고, 대학 바깥에서 다양한 주제에 걸쳐서 대중 강연과 글쓰기를
해 왔다. 저서로는 『사회를 보는 논리』, 『도시는 미디어다』, 『문화의 발견』, 『교육의 상상력』,
『휴대폰이 말하다』, 『생애의 발견』, 『돈의 인문학』, 『모멸감』, 『눌변』 등이 있다.

그린이 | **이강훈**

서울대 산업디자인과에서 시각디자인을 전공했다. 책과 잡지, 온라인 등 다양한 매체에
그림을 그리고 있으며 틈틈이 이야기를 쓴다. 「괴도 20가면」 시리즈, 『고령화 가족』,
『총통각하』 등 200여 권의 단행본에 그림을 그렸다. 지은 책으로 『도쿄 펄프픽션』,
『나의 지중해식 인사』, 일러스트집 『반칙의 제국』이 있다.

인류학자가 자동차를 만든다고? | **문화 인류학**

1판 1쇄 펴냄 · 2012년 12월 14일   1판 5쇄 펴냄 · 2018년 5월 24일

지은이   김찬호
그린이   이강훈
펴낸이   박상희
편집장   박지은
기획·편집   이해선
디자인   오진경, 선나리
펴낸곳   (주)비룡소
출판등록   1994. 3. 17.(제16-849호)
주소   06027 서울시 강남구 도산대로1길 62 강남출판문화센터 4층
전화   영업 02)515-2000 팩스 02)515-2007 편집 02)3443-4318,9
편집   02)3443-4318,9
홈페이지   www.bir.co.kr
제품명   어린이용 반양장 도서
제조자명   (주)비룡소
제조국명   대한민국
사용연령   3세 이상

ⓒ 김찬호, 2012. Printed in Seoul, Korea.

ISBN 978-89-491-5352-0 44380 · 978-89-491-5350-6(세트)

인류학자가 자동차를 만든다고?

문화 인류학

김찬호 글   이강훈 그림

비룡소

정신과 병원에 환자 한 명이 찾아왔습니다. 의사에게 자신의 증세를 이렇게 이야기합니다. "요즘은 저 자신이 자꾸만 개 같다는 생각이 들어요. 식사할 때도 개처럼 밥을 먹고, 걸을 때도 개처럼 움직이는 것 같아요. 잠을 잘 때도 개꿈을 꾸고요. 무슨 일을 하든 제가 사람이 아니라 개라고 느껴지는 거예요." 의사가 물어보았습니다. "언제부터 그렇게 자신이 개라는 생각이 들기 시작했나요?" 환자는 잠시 기억을 더듬어 보고 나서 입을 열었습니다. "강아지 때부터 그랬던 것 같아요."

정신 질환자가 따로 있는 것이 아닙니다. 불안, 우울, 강박, 망상, 공격성, 중독, 자폐, 분열증……; 이 모든 것이 누구에게나 나타날 수 있습니다. 다만 그 정도가 너무 심하면 치료를 받아야 하는 것뿐입니다. 위의 일화에 등장하는 환자의 경우도 마찬가지입니다. 어떤 생각에 너무 깊이 빠져서 그 틀에서 도저히 벗어나지 못하고 있는데, 우리 모두 어느 정도는 그런 증세를 갖고 있지 않나요?

우리는 저마다 고정 관념을 갖고 살아갑니다. 한번 들어선 생각이 시간이 지나면서 굳어지는 것이죠. 사람은 자기의 생각에 갇혀서 그것을 좀처럼 바꾸려 하지 않습니다. 그리고 누구나 자기가 옳다고 믿어요. 그래서 사람들 사이에 다툼이 끊이지 않습니다. 생각의 틀은 여럿이 함께 가지고 있으면 더욱 확고해집니다. 집단 속에서 고정 관념은 점점 더 딱딱해지는 것입니다. 사람들이 패거리를 지어 갈등하고 대립할 때, 그 바탕에는 각각의 세계관이나 가치관이 자리 잡고 있는 경우가 대부분입니다.

세상 보는 눈과 살아가는 방법을 제공하는 것이 바로 문화입니다. 문화는 일정한 집단이 공유하는 마음과 행동의 습관입니다. 그것은 삶을 편리하게 해 주지만, 정반대로 억압하기도 합니다. 그러므로 우리는 이따금 자기에게 익숙한 문화를 한 발자국 물러서서 살펴보고 따져 보아야 합니다. 문화 인류학은 그 작업을 집중적으로 하는 학문입니다. 수많은 문화 인류학자가 여러 문화들을 견주면서 같음과 다름을 헤아리는 연구를 해 왔습니다. 그 방대한 성과는 우리가 자신과 삶과 세상을 새롭게 이해하는 데 큰 도움이 됩니다.

　지금 우리가 살아가는 세상은 다양한 문화들이 계속 교차합니다. 생각이나 습관이 서로 다른 사람들이 함께 지내야 하는 경우가 점점 많아집니다. 문화에 대해 공부하는 것은 이제 취미나 교양이 아닙니다. 타인의 삶을 들여다보면서 그를 통해 자신을 비춰보는 것은, 지구촌의 시민이 갖춰야 할 소양입니다. 그것은 의무이면서 동시에 즐거움이기도 합니다. 문화 인류학은 그렇듯 의미와 재미를 함께 채울 수 있습니다. 자, 이제 그 배움의 여행을 떠나 봅시다.

문화 인류학
기행

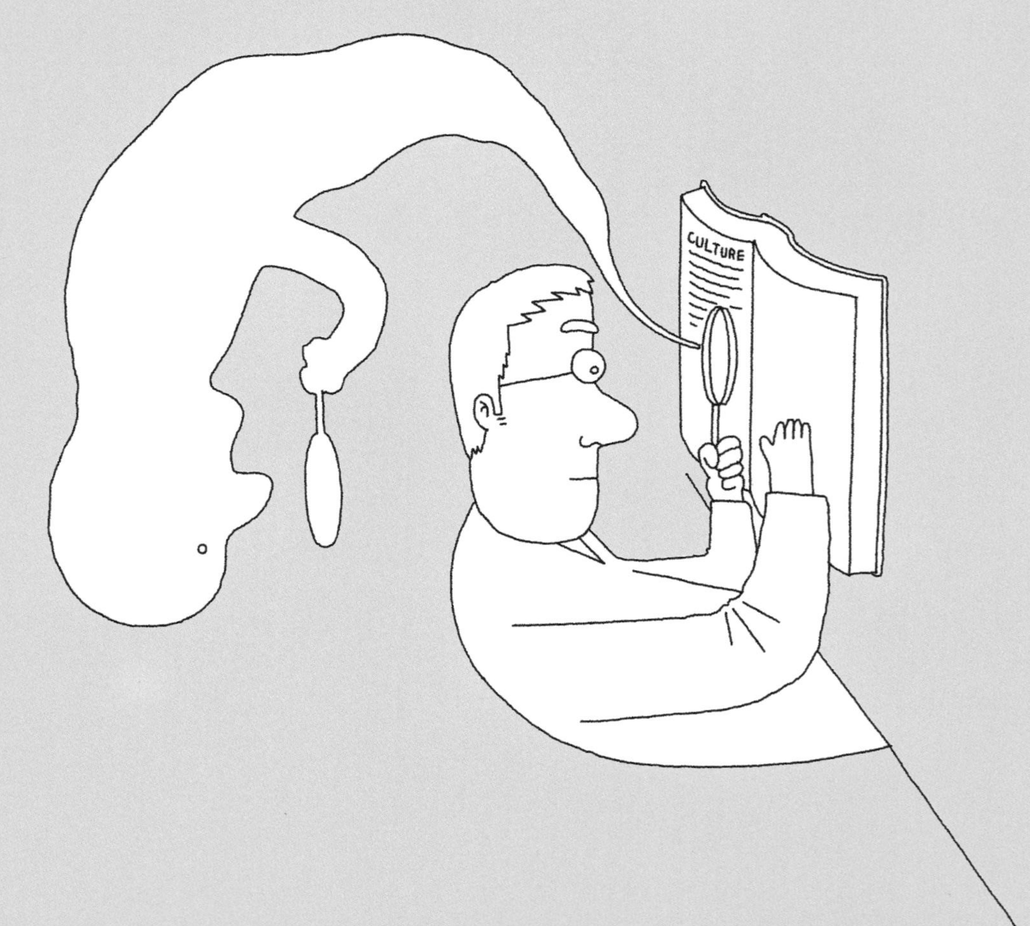

CULTURE

1부

문화의 수수께끼, 어떻게 풀까?

상대를
이해한다는 것,

그 어려움

어느 한국 대학생이 몇몇 외국인들과 함께 사하라 사막을 여행하면서 겪은 일입니다. 밤이 되어 달빛 아래 둘러앉아 하루의 피로를 풀면서 맥주와 바비큐를 먹는 시간이었다고 합니다. 그의 앞자리에는 낙타 조련사인 리비아의 노인이 앉아 있었습니다. 한국에서는 젊은이가 어른 앞에서 술을 마실 때는 몸과 고개를 돌리고 잔을 입에 대는 것이 예의지요. 대학생은 한국에서 익숙한 관습대로 그렇게 행동했습니다. 그런데 서너 잔쯤 마셨을 때, 바로 옆에 앉아 있던 호주 친구가 물어 오더라는 겁니다. "너는 저 아저씨가 그렇게 역겹니? 왜 술을 마실 때마다 고개를 돌리는 거야? 뭐, 좀 많이 지저분해 보이긴 하지만 그래도 몸을 너무 심하게 돌리는구나." 한국 대학생은 그 순간 깜짝 놀라면서 알아차렸습니다. 한국 사람들끼리는 예의 바른 행동이 다른 나라 사람에게는 모욕감을 줄 수 있다는 것을. 그래서 통역사를 통해 리비아 노인에게 한국의 문화에 대해 설명을 하면서 사과하고 이해를 구했다고 합니다.

외국인과 지내다 보면 위와 같은 오해는 종종 생겨납니다. 똑같은 몸짓인데, 전혀 다른 뜻을 나타내기 때문이죠. 또 다른 예를 들어 볼까요? 한국 가정에 시집온 몽골 여성들이 남편이나 시아버지가 대화를 하면서 검지손가락으로 자기를 가리키면 기겁을 한다고 합니다. 몽골에서는 그런 손짓이 공격성을 드러내는 표시라고 하네요. 남편이나 시아버지는 말하면서 자연스럽게 상대방을 지칭한 것뿐인데, 그쪽에서는 섬뜩한 신호로 받아들이는 것입니다. 더구나 한국말을 잘 알아들을 수 없는 입장에서는, 오로지 몸짓만이 이해할 수 있는 메시지로 다가오기 때문에 더욱 당황하게 되지요.

그런데 위와 같은 경우는 오해를 금방 풀 수가 있습니다. 상대방의 의도가 그런 것이 아니라, 단지 신호가 달랐다는 것을 알고 나면 문제가 해결됩니다. 하지만 인간이 소통할 때 그보다 훨씬 큰 어려움에 부딪힐 때가 있습니다. 단순히 말이나 몸짓의 의미 차이를 넘어서, 상대방이 놓여 있는 처지를 폭넓게 이해해야 하는 경우가 그렇습니다.

아프리카의 비극적인 상황을 증언하는 구로야나기 테츠코의 『토토의 눈물』이라는 책에는 이런 일화가 실려 있습니다. 탄자니아의 어느 초등학교에 갔을 때 어느 TV 방송국 사람이 아이들에게 도화지와 크레용을 주면서 아무 동물이나 그려 보라고 주문했습니다. 그런데 아이들이 내놓은 그림 가운데 큰 짐승은 두 개밖에 없었고, 나머지는 파리 같은 벌레나 다리가 가느다란 새를 그리더라는 것입니다. 기린이나 얼룩말 같은 야생 동물들이 다양하게 나올 것이라 예상했던 기대는 어긋난 것이죠. 왜 그랬을까요? 아프리카에는 몇몇 보호 구역에서만 동물을 볼 수 있는데, 그 아이들은 그런 곳에 구경 갈 수가 없어요. 그나마 간접적으로 동물을 볼 수 있는 TV나 그림책도 없었기에 그렇게 그림을 그린 것입니다.

또 다른 예를 들어 볼까요? 빈곤 퇴치를 위한 국제 사업에 종사하는 한국인이 아프리카의 어느 지역을 방문했을 때 있었던 일이라고 합니다. 그곳에 사는 어린아이들과 대화를 나누는 자리가 마련되어서, 질문을 던졌다고 합니다. "여러분은 여가 시간에 무엇을 하나요?" 이렇게 쉬운 질문에 아이들은 아무도 대답을 하지 않더

문화 상대주의는 지역이나 나라에 따라 존재하는 다양한 문화의 우열을 가릴 수 없다고 보는 관점을 말한다. 각각의 문화들은 나름대로 독특한 가치를 지니고 있으며, 그 사회의 입장에서 이해하려는 태도를 가져야 한다. 자문화 중심주의와 반대 개념이다.

라는 것입니다. 왜 그랬을까요? 알고 보니 여가 시간 자체가 없었습니다. 눈만 뜨면 하루 종일 고되게 일해야 하는 생활이었어요. 한국인은 그 사실을 뒤늦게 알아차리고, 그다음 질문을 했습니다. "여러분은 장래 희망이 무엇인가요? 이다음에 어른이 되면 무엇이 되고 싶어요?" 어른들이 아이들에게 흔히 던지는 질문이지요. 그런데 이번에도 아이들은 멀뚱멀뚱 바라보기만 하고 아무 대답이 없었습니다. 왜 그랬을까요? 그 아이들은 부모들이 살아온 삶이외의 다른 삶을 본 적도 없고 상상도 못하기 때문입니다. 극도의 가난에서 목숨만 겨우 이어 가는 생활 속에서 장래의 희망을 생각할 여유가 없었던 것입니다.

우리는 대개 자기의 경험을 기준으로 상대방을 바라보고 세상을 해석합니다. 사람들 사이에 일어나는 갈등을 살펴봐요. 상당부분이 자기중심적인 태도에서 비롯됩니다. 상대방의 처지를 찬찬히 살피지 않고, 자기 식대로 단정해 버리는 것입니다. 그런 어긋남이 사회와 문화를 경계로 일어날 때도 많은데, 자기의 문화를 기준으로 상대방의 문화를 해석하는 것을 '자문화 중심주의'라고 합니다. 그 결과 상대방을 오해하여 전혀 의도하지 않은 폐를 끼치거나 돌이킬 수 없는 상처를 주고받기도 합니다. 인간이 성숙한다는 것은 익숙한 기준과 고정 관념을 내려놓고 상대방을 그의 입장에서 이해하려고 애쓰는 태도를 갖는 것입니다.

견주어 보기

그리고
아울러 보기

바닷속에서 어린 물고기 두 마리가 헤엄을 치고 가는데, 맞은편에서 오던 어른 물고기가 묻습니다. "오늘 물 괜찮아?" 어린 물고기들은 무슨 말인지 몰라서 서로 멀뚱멀뚱 쳐다보기만 합니다. 그리고 어른 물고기가 지나간 다음에 계속 헤엄을 치면서 자기들끼리 이야기합니다. "그런데 도대체 물이 뭐야?"

이 이야기에서 어린 물고기 대신 사람을, 물 대신 문화를 집어넣어도 될 것 같습니다. 우리는 문화가 없이는 살 수 없으면서도 그 문화에 대해 잘 알지 못합니다. 에드워드 홀이라는 문화 인류학자는 문화에 대해 다음과 같이 말했습니다. '문화는 드러내는 것보다 감추는 것이 훨씬 더 많으며, 더구나 묘한 것은 그 문화에 속

한 사람들이 감춰진 바를 가장 모른다는 것이다.'

인간은 저마다 자신이 속한 사회의 문화에 어느 정도 적용해서 살아갑니다. 적용을 한다는 것은 익숙해지는 것을 의미합니다. 다시 말해 그 문화를 당연하게 여기는 것이죠. 그래서 그 사회에 속하지 않은 사람이 그 문화의 존재를 오히려 더 쉽게 알아차릴 수 있습니다. 그 사회를 처음 방문해 본 사람이 뭔가 이상하다고 느끼는 게 있잖아요. 불편한 것일 수도 있고 우스꽝스러운 것일 수도 있습니다. 바로 그것이 그 문화를 파악해 가는 중요한 실마리가 됩니다. 거기에 오랫동안 젖어서 살아온 사람들에게는 너무 자연스러운 마음의 습관이 문화의 핵심이고, 외부인은 그것을 낯설게 여기면서 '이게 뭐지?' 하고 질문을 던지게 됩니다.

외부인이 아니라도 자신의 문화를 알아차릴 수 있습니다. 다른 문화를 경험하면 됩니다. 익숙하지 않은 세계에서 익숙했던 세계를 다시 바라볼 수 있습니다. 어쩌면 물고기들도 물 바깥으로 나올 때 비로소 물이 무엇인지를 깨닫게 되지 않을까요? 문화 인류학이라는 학문은 바로 그러한 앎을 추구합니다. 당연하게 여겨지는 문화를 한 발 떨어져서 요모조모 따져 보는 것입니다. 그럼으로써 자신과 자신이 살아온 세계를 보다 객관적으로 파악할 수 있습니다. 그리고 나와 다른 처지에 있는 타인을 그가 속한 문화와의 관련 속에서 폭넓게 이해할 수 있습니다.

익숙하고 당연시되는 문화를 새롭게 바라보기 위해서 문화 인류학이 택하는 방법은 '비교'입니다. 여러 문화들을 견주어 보면서 같음과 다름을 추려 내는 것입니다. 학문적인 용어를 쓰자면 같음은 '보편성'이고, 다름은 '특수성'이지요. 어느 문화에나 그 두 가지가 반드시 공존합니다. '사람 사는 것 어디나 다 똑같아.'라고 말할 수 있는 측면이 있고, '그 사람들 도대체 이해할 수가 없어.'라는 측면도 있습니다. 그 가운데 어느 하나만을 강조하는 것은 맞지 않을 뿐 아니라 위험할 수도 있어요.

그런데 문화라는 것은 매우 폭넓은 개념입니다. 에드워드 타일러라는 19세기의 인류학자가 내린 정의가 가장 고전적인 것인데요, '문화란 지식, 신앙, 예술, 도덕, 법, 관습 등 사회의 구성원인 인간이 획득한 능력과 습관을 포괄하는 복합적 총체'라고 했습니다. '복합적 총체'라는 말이 너무 추상적이지요? 쉽게 풀자면 '서로 얽혀 있는 하나의 커다란 덩어리'라고 할 수 있겠네요. 문화 인류학에서 연구하는 주제를 보면 매우 광범위합니다. 가족과 친족, 예술과 놀이, 종교와 의례, 기술과 도구, 신체와 질병, 정치와 사회 조직……, 실로 한 사회의 모든 것을 다 아우르는 듯합니다.

그런데 그러한 주제들에 관해서는 심리학에서 정치학에 이르기까지 저마다 집중적으로 연구하는 학문들이 있습니다. 그렇다면 문화 인류학은 그 모든 분야들을 한데 뭉뚱그린 학문일까요? 그렇지 않습니다. 그 대신 그 영역들 사이의 '연관성'에 관심을 갖고 있습니다. 규모가 작고 단순한 사회를 연구하다 보면, 개념적으로 구별된 영역들 사이의 경계가 애매합니다. 종교 의례가 정치권력과 밀접하게 맞물려 있고, 경제적 행위 속에 사회적 연결망이 작동하는 식이지요. 그렇듯 특정 학문적 개념으로 분리해 내기 어려운 현상들을 관찰해 온 문화 인류학자들은 그 모든 것을 아우르면서 그들 사이의 상관관계를 살피는 일에 관심을 기울입니다. 물론 그런 작업은 문화 인류학에서만 요구되는 것이 아닙니다.

어떤 대상을 이해하고 파악하기 위해서는 그것을 둘러싼 조건과 맥락을 함께 살펴보아야 합니다. 예전에 중국 본토에서 마오쩌둥 군대와 치열하게 싸우다가 패배한 장제스 군대는 대만으로 도망해 왔습니다. 그런데 그 군인들은 거기에서 수도라는 것을 처음 보게 되었는데요, 꼭지를 돌리기만 하면 물이 콸콸 쏟아지니 얼마나 신기했겠어요. 그래서 그들은 너도나도 수도꼭지를 사다가 집에 있는 벽에 박았다고 해요. 그런데 당연한 일이지만 거기에서 물이 나올 리가 없지요. 사기를 당했다고 생각한 군인들은 수도꼭지를 판매한 철물점에 가서 총을 쏘며 난동을 부렸답니다. 상수도 시스템 전체에 대해 알지 못한 채, 눈에 보이는 물건 하나에만 눈

주니어 대학

이 팔린 것이지요. 우스꽝스러운 일이었지만, 누구나 그런 오류를 범할 수가 있습니다.

세상이 복잡해질수록 종합적으로 바라보는 눈이 중요해집니다. 세세한 부분들에만 치중하다 보면 전체가 어떻게 구성되어 있는지를 놓치기 쉽습니다. 특히 공부를 많이 한 사람이 오히려 자기의 전공에 갇혀 시야가 더 좁아지기 쉽습니다. '학제간 연구', '통섭', '융복합' 같은 말들을 들어 보았나요? 최근에 학계에서 많이 강조되고 있지요. 각 전문 영역들 사이의 칸막이를 자유롭게 넘나들면서 대상을 여러 각도에서 살펴본다는 뜻입니다. 예를 들어 신장병을 고치는 의사가 신장만 들여다봐서는 안 되지요. 몸 전체의 작동 원리를 알고, 다른 장기들이 신장과 어떻게 영향을 주고받는지를 알아야 제대로 치료를 할 수 있습니다.

의학만이 아니라 모든 분야에서 종합적인 시야가 요구됩니다. 예를 들어 스마트폰 하나를 제대로 만들어 내기 위해서는 디자인, 전자 공학, 재료 공학, 전파 공학 등 여러 분야가 잘 어우러져야 합니다. 서로 다른 영역들이 유연하게 만나고 섞이는 것이 필요합니다. 그러한 유연성은 학문 이외에서도 요청됩니다. 교육, 행정, 기업 등 모든 분야에서 전체를 바라보는 눈이 강조되고 있습니다. 각 부분들이 서로 어떻게 맞물리는지를 총체적으로 파악하는 일이 점점 중요해지는 것입니다.

현지 조사,

깊고 자세하게
들여다보기

여러분의 책장에는 몇 권의 책이 꽂혀 있나요? 집에는요? 그리고 학교나 동네의 도서관에는요? 한국에서 가장 책을 많이 소장한 국립 중앙 도서관에는 300만 권 가까이 있습니다. 그리고 세계에서 가장 큰 미국 의회 도서관에는 3,000만 권이 넘는 책이 있는데, 매년 100만 권씩 늘어난다고 합니다. 인류는 그동안 방대한 지식을 쌓아 왔습니다. 특히 지난 100~200년 사이에 자연 과학의 진보는 눈부셨고, 그 행진은 지금도 힘차게 이뤄지고 있습니다. 예전에 알지 못했던 만물의 비밀이 계속 새롭게 밝혀집니다. 이론 그리고 연구의 방법과 도구가 날로 쇄신되는 덕분이지요.

자연 과학에서 주로 사용하는 연구 방법은 관찰, 조사, 실험입니다. 그렇다면 인간을 연구하는 사회 과학은 어떤가요? 심리학에서는 실험을 많이 합니다. 어떤 상황을 일부러 꾸며 낸 다음에 사람들이 어떻게 행동하고 반응하는가를 살펴보는 식이지요.(그 대상자들은 자신이 실험되고 있음을 알지 못합니다.) 그러나 정치학이나 사회학에서는 실험이 거의 불가능합니다. 정치 제도의 장단점 연구를 위해 헌법을 바꿔 본다든가, 범죄가 도시에 끼치는 영향을 알아보기 위해 폭력배들을 동원할 수는 없는 노릇이지요. 그 대신 이미 벌어진 사건이나 사회 현상을 조사하고 여러 각도에서 분석합니다.

여기에서 가장 중요한 것은 자료를 수집하는 일입니다. 어떤 자료가 필요할까요? 예를 들어 경제 성장을 예측하기 위해서 실업률, 물가, 수출액 등을 알아내야 합니다. 여러 지역에 사는 주민들의 삶의 질을 비교하기 위해서 인구 밀도, 복지 예산, 여가 시설, 녹지, 교통 등을 살펴봅니다. 그런데 인간의 삶과 사회를 파악하려면 겉으로 드러나는 것만이 아니라 눈에 보이지 않는 사람들의 생각이나 느낌도 짚어 내야 합니다. 어떻게 할 수 있을까요? 설문 조사가 가장 일반적입니다. 서베이(survey)라고도 하지요. 어떤 현상이나 쟁점에 대해 앙케이트 조사를 하거나, 선거를 앞두고 어떤 후보자를 지지하는지를 물어볼 때 많이 사용합니다. 신문 기사에서 자주 접할 수 있지요.

그런데 문화 인류학에서는 설문 조사보다는 '현지 조사'를 훨씬 많이 사용합니다. 영어로는 필드웍(fieldwork)이라고 합니다. 연구하려는 집단이나 지역에 들어가서 그 사람들과 오랫동안 함께 지내면서 연구하는 것입니다. 문화 인류학자들에게는 익숙한 경험이고, 대학원에서 문화 인류학을 전공하고 학위 논문을 쓰려면 반드시 거쳐야 하는 과정입니다. 최소한 일 년 이상 머문답니다. 기후나 음식이 맞지 않고, 말도 전혀 통하지 않는 곳에서 지내기도 합니다. 풍토병에 걸릴 위험을 감수해야 합니다. 현지 조사 과정에서 뜻하지 않게 사고를 당해 목숨을 잃은 학자도 있었어요.

왜 그런 고생을 사서 하는 것일까요? 우선 자료 자체가 많지 않기 때문입니다. 특히 문화 인류학의 초기 단계에서 연구의 대상이 되었던 사회는 대부분 글자를 갖고 있지 않아 문헌 기록이 없었습니다. 역사를 알아내려면 사람들의 기억을 불러내야 했어요. 주민들의 이야기를 길게 들으면서 정리해야 하는 것이지요. 그들은 글을 읽을 수 없기에 설문지를 돌릴 수도 없습니다. 그 대신 일일이 질문하고 답을 들으면서 자료를 수집해야 합

주니어 대학

문
CUL
文
화
TURE
化
CULTRA
KULTUR

니다. 아울러 그들이 살아가는 모습을 있는 그대로 관찰합니다. 인터뷰만으로는 밝혀낼 수 없는 문화를 알아내기 위해서입니다.

문화 인류학자들의 현지 조사는 장기간 체류로 진행되는 경우가 많다고 앞에서 말한 바 있습니다. 왜 오래 머무를까요? 문화의 실체가 외부인의 눈에 잘 뜨인다면, 잠깐만 다녀가도 한눈에 다 볼 수 있겠지만, 그렇지 않습니다. 시간이 좀 지나야 비로소 잡히는 것이 있습니다. 문화는 양파처럼 여러 겹으로 되어 있기 때문입니다. 그리고 처음에는 낱낱의 것으로 보이던 모습들이 서로 밀접하게 연결되어 있다는 것도 발견할 수 있게 됩니다. 문화를 연구하려면 단편적인 현상이 아니라 연관 관계를 밝히면서 전체를 파악해야 합니다.

현지에 오랫동안 머무는 이유는 또 있습니다. 죽치고 있다 보면, 의외의 사건들을 접하고 전혀 예상하지 못한 일들을 경험할 수 있기 때문입니다. 설문 조사를 할 때는 연구 주제와 그에 따른 질문들이 미리 준비되어 있고, 그것만 정확하게 알아내면 됩니다. 시간이 많이 걸리지 않고, 따라서 여러 지역을 대상으로 넓게 조사할 수 있습니다. 하지만 그 대신에 정해진 연구 주제 이외의 것들은 알아내기가 어려워요. 그에 비해 현지 조사는 그냥 주민들과 똑같이 생활하기 때문에, 생각지 못했던 일들을 겪게 됩니다. 그리고 그것이 문화의 중요한 측면을 담고 있을 수가 있습니다. 그래서 우연한 사건을 계기로 아예 연구의 주제를 바꾸는 경우도 있습니다.

문화 인류학자는 현지에 오래 머물면서 외부인의 입장에서 그 문화를 관찰하지만, 그 사회에 적응하면서 주민들과 동화되어 가야 합니다. 처음에는 어리벙벙하여 실수도 많이 하면서 우왕좌왕 하지요. 말부터 완전히 새로 배워야 하는 경우에는 정말로 그렇습니다. 갓 낳은 아이가 자라나면서 문화를 습득하는 과정을 똑같이 거치는 셈이거든요. 다만 그러면서도 연구자 또는 외부인의 눈으로 분석을 합니다. 바로 그 점에서 어린아이와 다릅니다. 목표는 상대방의 문화를 깊이 이해하는 것입니다. 그들의 경험을 그들의 입장에서 느끼고 바라보는 것입니다.

02

인간은 왜 이렇게 다양한가?

수줍어하는
성격은

유전자 탓?

여러분은 동물원이나 수족관에 종종 가나요? 거기에서 인기를 끄는 것 가운데 하나가 돌고래 쇼입니다. 큰 짐승들의 날쌘 묘기에 사람들은 환호와 갈채를 보내지요. 돌고래는 지능이 높아서 사육사의 말을 잘 알아듣고 쇼의 각본을 잘 이해할 수 있다고 합니다. 그런데 그렇게 영리하고 온순한 돌고래가 사람을 해치는 사고가 가끔 일어납니다. 2010년 미국의 플로리다 주 올랜드 놀이공원 '시랜드'에서 그런 일이 있었습니다. 범고래(돌고래의 일종)가 쇼를 하던 중에 갑자기 조련사를 입으로 물어 물속으로 끌고 들어가 몇 분 동안 휘젓고 다녔고, 결국 조련사는 사망하고 말았습니다. 이 끔찍한 장면을 생생하게 목격한 관객들은 큰 충격

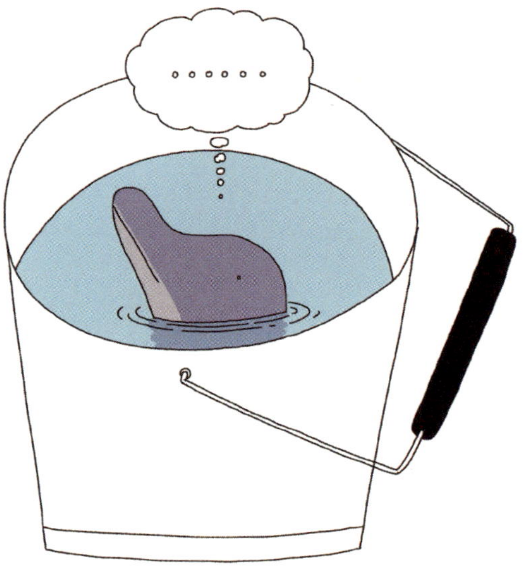

을 받았습니다. 그 조련사는 그 돌고래와 16년 동안 함께 지내 온 절친한 사이였다고 합니다.

돌고래는 왜 그렇게 갑자기 난폭한 행동을 했을까요? 동물학자들은 환경 탓이라고 진단합니다. 돌고래들은 원래 드넓은 바다를 자유롭게 헤엄치고 다니는데, 비좁은 수조와 화학적으로 처리된 물속에 갇힌 채 훈련 프로그램을 기계처럼 따라가는 것이 무척 고통스럽겠지요. 그리고 야생에서 형성된 돌고래 무리의 사회적 관계를 잃은 채 사는 것도 커다란 어려움이라고 합니다. 그 스트레스를 견디다 못해 자해하기도 하고, 사람을 공격하기도 합니다. 사육되는 돌고래들은 늘 긴장하기 때문에 위장약을 계속 먹어야 하고, 평균 수명도 야생에서 살 때의 절반인 25년에 불과하다고 해요. 그 때문에 동물 애호가들은 돌고래 쇼를 강력하게 반대합니다.

모든 생물에게는 저마다의 본성이라는 것이 있습니다. 아마존에 서식하는 식물을 시베리아 벌판에 옮겨 심으면 죽어 버리고, 북극곰은 아프리카 밀림에서 살아갈 수 없습니다. 기후와 먹이 그리고 서식지 등이 바뀌면 적응하기 어려운 것입니다. 모든 생물 종은 저마다 공통된 본성을 타고납니다. 그리고 같은 종 안에서는 개체들 사이에 차이가 별로 없습니다. 예를 들어 비둘기와 참새의 반사 행동을 비교해 봅시다. 참새는 사람이 조금만 가까이 다가가

도 도망가 버립니다. 그에 비해 비둘기는 바로 옆을 지나가도 조금 움직일 뿐입니다. 참새와 비둘기 사이의 차이는 크지만, 참새와 참새 또는 비둘기와 비둘기 사이의 차이는 거의 없습니다.

사람에게도 본성이 있습니다. 동물과 마찬가지로 자기의 본성에 맞지 않는 환경에서 살게 되면 스트레스를 받고 의외의 행동을 하기도 합니다. 만일 골방에 혼자서 오랫동안 갇혀 지내거나 강제 수용소에서처럼 심한 통제를 받는다면 우울증에 빠지고 무기력해집니다. 너무 시끄러운 소리를 계속 듣거나 누군가가 자기 머리를 톡톡 건드린다면 신경이 날카로워지고 난폭하게 행동하기 쉽습니다. 극도의 공포감도 심신을 파괴합니다. 전쟁에서 죽음의 공포에 시달리던 병사들 가운데 정상적인 생활을 하지 못하는 경우가 많습니다. 미국의 노숙인 가운데 4분의 1이 퇴역 군인이라고 합니다. 그중에는 이라크 전쟁과 아프가니스탄 전쟁에 참가했던 젊은 군인들도 많다고 합니다.

그런데 인간의 경우 다른 동물들과 구별되는 차이도 크지만, 그에 못지않게 사람과 사람 사이의 차이도 큽니다. 개인의 유전자나 성장 환경에 의해 생겨난 개성이 제각각이기 때문이지요. 그리고 개인들 사이의 차이에 못지않게 집단과 집단 사이에도 차이가 많습니다. 이 점도 다른 동물들과 구별되는 특징입니다. 즉 똑같은 집단에 속한 사람들은 어떤 일에 비슷하게 반응하는 경우가 많아요. 예를 들어 외국인들이 한국에서 생활하면서 자주 토로하는 불만이 하나 있습니다. 한국인들은 길거리를 지나가거나 대중교통을 타고 내릴 때 몸이 부딪쳐도 사과를 하지 않는다는 것입니다. 사실 우리는 웬만큼 세게 충돌하지 않으면 아무 일도 없었다는 듯 그냥 지나가 버립니다. 화를 내지 않고 무심코 넘어가요. 하지만 많은 외국인들은 그러한 행동을 이해하지 못합니다. 타인에 대한 예의가 없다면서 매우 불쾌해합니다.

그렇다면 한국인들이 선천적으로 그렇게 둔감한 것일까요? 그렇지 않습니다. 때로는 정반대로 과민해서 문제가 되기도 하니까요. 한국의 젊은이들이 세계 곳곳에 유학을 나가 있는데, 현지의 교수들이 한국 학생들에 대해 자주 지적하는 것이 너무 수줍음이 많다는 점입니다. 수업 시간에 토론을 할 때 다른 사람들이 어떻게 평가할지에 대해 너무 민감해서 긴장하고 위축된다고 합니다. 자칫 비판을 받을까 하는 두려움 때문에 자신 있게 의견을 표현하지 못하는 것이지요. 우리가 영어를 그렇게 열심히 공부하고도 막상 외국인 앞에서 입이 열리지 않는 까닭도 상당 부분 거기에 있다고 할 수 있습니다. 그처럼 상대방의 반응에 과민한 것은 공공장소에서 타인과 부딪쳐도 사과를 하지 않는 것과 모순되는 모습이죠?

사람의 두뇌,

커다랗지만
텅 빈 괄호

    사람의 행동과 감정은 유전자로만 결정되지 않습니다. 후천적으로 형성된 습관이 더 중요합니다. 한국 사람이라 해도 외국에서 태어나 자랐거나 거기에서 오랫동안 지내게 되면, 다른 한국인에 비해 타인과 부딪히는 것에는 민감하고 토론에서 타인의 반응에는 크게 신경 쓰지 않게 될 것입니다. 다른 동물들도 어떤 환경에서 자라나고 살아가느냐에 따라 행동의 편차가 없는 것은 아니지만, 그 정도는 아주 작아요. 그에 비해 인간은 똑같은 유전자를 갖고 태어났다 해도, 태어난 이후에 양육과 성장의 배경에 따라서 전혀 다른 삶을 살아가게 됩니다. 사람은 왜 그런 특성을 갖게 되었을까요?

두뇌에서 그 실마리를 찾을 수 있습니다. 인간의 뇌는 매우 큽니다. 여러분의 머릿속에 들어 있는 뇌의 무게가 얼마나 될 것 같은가요? 조금 흔들어 보면서 가늠해 보세요. 성인의 경우 평균 1,300그램 정도 됩니다. 인간과 유전자를 가장 많이 공유하는(무려 98퍼센트) 침팬지가 500그램밖에 되지 않거든요. 몸집에 비해 머리가 이렇게 큰 동물은 없습니다. 어머니들이 아기를 낳을 때 고통이 심한 이유도 태아의 머리가 너무 크기 때문입니다. 생일을 가리켜 '귀 빠진 날'이라고 하는데, 귀만 빠지면 나머지 몸뚱이는 쑥 빠져나오기 때문입니다. 뒤집어 말하면 머리가 빠져나오는 것이 그만큼 어렵다는 말이지요. 인간은 출산과 탄생이 매우 위험합니다. 지금도 전 세계에서 매년 40만여 명이 그 과정에서 목숨을 잃습니다.

그런데 그렇게 험난한 관문을 통과해서 세상에 나왔으면 양육은 수월해야 이치에 맞을 것입니다. 두뇌가 큰 만큼 다른 동물보다 훨씬 똑똑하고 성장도 빨라야 한다는 말이지요. 그런데 사실은 정반대입니다. 인간은 그 어느 동물보다도 불완전한 채로 태어납니다. 부모로부터 독립하는 데 사람만큼 시간이 오래 걸리는 동물은 없습니다. 웬만한 포유류들은 태어나자마자 조금 비틀거리다가 걷기 시작하지 않나요? 그런데 인간은 혼자 걸을 수 있게 되기까지 1년이 걸립니다. 스스로 먹이를 구할 수 있을 만큼 성장하

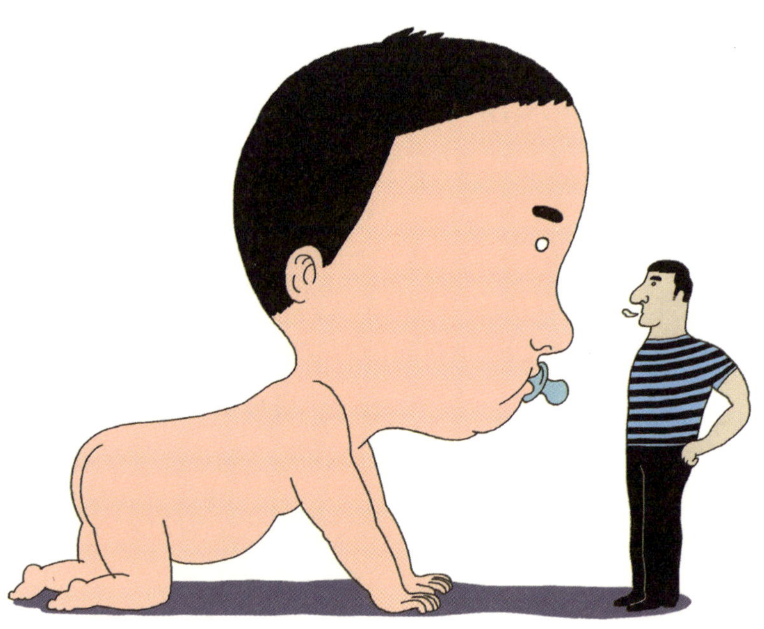

기까지는 더 많은 시간이 필요합니다. 성인으로 자립할 때까지 걸리는 시간이 동물 가운데 가장 긴 것입니다.

머리가 크기만 했지, 살아가면서 필요한 능력을 그 안에 갖추고 태어나지 못하는 동물이 인간입니다. 그렇다면 그 큰 머리 안에는 무엇이 들어 있는 것인가요? 호흡, 심장 박동, 소화 등 생명 유지에 관여하는 뇌의 부위는 아주 작습니다. 그리고 시각, 청각, 후각 등 감각 기관을 다스리는 영역도 그다지 큰 비중을 차지하지 않습니다. 절대적인 크기 자체가 다른 동물들과 별로 차이가 나지 않고, 오히려 더 작은 부분도 있습니다. 그러니까 뇌의 전체 부피 가운데 신체 기능에 연결되는 부위들은 매우 작다는 것이지요.

그렇다면 그 나머지는 무엇일까요? 바로 대뇌 피질입니다. 우리가 보통 뇌의 그림이나 사진을 보면 가장 겉에 내장처럼 쭈글쭈글하게 얽혀 있는 부분입니다. 이 부위에는 태어날 때 아무런 프로그램이 깔려 있지 않습니다. 성장 과정에서 그 무엇으로 채워져야 하는 커다란 괄호입니다.

만일 그것이 채워지지 못한 채 자라난다면 어떻게 될까요? 어린 아기 때 인간의 무리에서 벗어나 다른 동물들의

인간의 뇌 중에서 4분의 3을 차지하는 대뇌는 사고와 언어, 감정과 기억 등 고등한 정신 활동을 담당한다. 인간이 다른 동물과 달리 생각하고 말하고 창조할 수 있는 것은 다른 동물들보다 훨씬 큰 대뇌를 가지고 있기 때문이다. 그러니 인류는 이것을 바탕으로 문명을 발달시켜 온 셈이다.

보살핌을 받으며 자라난 인간이 몇 차례 발견된 적이 있습니다. 그리고 엄마가 키우기는 했는데 밥만 먹여 주고 말을 한마디도 건네지 않아 아무것도 배우지 못한 아이도 발견된 적이 있습니다. 어떨까요? 예를 들어 두세 살 때부터 십 년 정도 늑대들과 함께 성장했다거나 타인과 접촉하지 못한 채 혼자서만 지낸 사람이 인간 사회에 다시 합류할 수 있을까요? 불가능합니다. 말을 전혀 하지 못할 뿐 아니라, 사람으로서 구실을 하는 데 필요한 기본적인 습관을 하나도 익히지 못했기 때문입니다.

문화는

마음과 행동의
프로그램

인간은 오로지 인간에 의해서만 인간이 될 수 있습니다. 다른 동물들은 그렇지 않습니다. 예를 들어 개들은 생후 2개월 정도에 어미로부터 떼어 내서 오로지 인간들 틈에서만 자라게 한다 해도, 개들의 무리 속에서 자라난 것과 많이 다르지 않습니다. 포유류나 조류는 잠깐 동안만 어미의 양육이 필요하고, 어류나 파충류는 그마저도 필요 없지요. 인간은 모든 동물들 가운데 의존 기간이 가장 길어요. 그래서 어린 시절에 인간이 키워 주지 않으면 인간의 모습으로 자라나지 못합니다. 왜 그럴까요? 바로 뇌에 빈 부분이 많기 때문이고, 그것을 채워 주는 것은 자기보다 앞서 태어나 살아가고 있는 연장자들이기 때문입니다.

그 빈 부분에 채워지는 내용물이 바로 문화입니다. 문화는 인간의 몸 바깥에서 형성된 행동과 마음의 프로그램으로서, 유전자의 프로그램과 뚜렷이 구별됩니다. 그리고 그 부피는 엄청나고 다양합니다. 그리고 끊임없이 변화합니다. 어떤 인간도 그 모든 것을 다 흡수하지 못할 뿐더러, 아무리 열심히 노력해도 인류의 문화 가운데 지극히 일부밖에 경험하지 못합니다. 어떤 시대와 장소에서 태어나 자라는가에 따라서 전혀 다른 모습으로 살아가는 이유가 거기에 있습니다.

지금 아프리카 초원에 있는 호랑이를 타임머신에 태워서 5만 년 전으로 데려가 풀어 놓는다면 어떻게 될까요? 서식지의 환경이 비슷하다면 아무 문제없이 살아갑니다. 그렇다면 사람의 경우는요? 여러분이 5만 년 전 한반도의 어느 동네로 순간 이동해서 생활한다면 어떻게 될까요? 갓 낳은 아이라면 다른 동물들과 마찬가지로 아무 문제가 없이 성장할 것입니다. 하지만 나이가 많을수록 적응은 어려워집니다. 사람이 살아가는 방식은 생물학적인 프로그램보다는 문화에 의해서 더 많이 좌우되고, 어른이 될수록 그 부분이 굳어져 버리기 때문입니다.

문화는 우리의 습관을 빚어 줍니다. 만일 5만 년 전의 어느 마을에서 산다면, 아침에 일어나서 화장실에 가는 것부터가 고역일 것이 틀림없습니다. 식사도 입에 맞지 않아서 차라리 굶고 싶을 지

TIME MACHINE

경일 것입니다. 글자도 없던 시절이라 공부하지 않아도 되는 것은 좋겠지만, 마냥 놀 수만은 없습니다. 꽤 어린 나이부터 일을 해야 하거든요. 남자라면 사냥을 나가야 하고 여자라면 아이를 키우거나 열매를 가꾸는 일에 하루 종일 매달려야 하는데, 이러한 생활에 적응하는 것은 무척 어렵습니다. 그렇게 먼 옛날로 거슬러 올라갈 것도 없이, 50년 전의 어느 농촌에 옮겨 가서 산다고 해도, 생활 습관의 차이로 인해서 엄청난 고생을 치를 것이 뻔합니다.

문화는 생활 습관만 심어 주는 것이 아닙니다. 사람이 살아가는 목적, 무엇을 소중하게 여겨야 하는가에 관한 가치관도 가르쳐 줍니다. 조선 시대 여인 가운데 임진왜란 중에 왜군에 의해 겁탈당했다 해서 스스로 목숨을 끊은 사례가 많습니다. 자기가 잘못한 것이 아니라 완전히 타의에 의해서 강제로 그렇게 된 것인데도 말입니다. 심지어 왜군이 자기 몸에 손을 한 번 댄 것만으로도 몸이 더럽혀졌다고 자살을 한 경우도 있습니다. 만일 그 여인이 지금 시대에 태어나 자랐다면 전혀 다른 가치관을 가져 극단적인 선택을 피했을 것이고, 그런 역사를 들으면서 쓴웃음을 지을 것입니다.

지금 지구상에서 살아가는 인간들은 겉모습은 많이 달라 보여도 유전자 구성은 거의 똑같습니다. 5만 년 전 인류도 지금의 인류와 생물학적으로는 거의 차이가 나지 않습니다. 그런데 살아가는 모습은 완전히 딴판이지요. 옛날과 지금 사이의 차이는 말할 것도

 주니어 대학

없고, 지금 동시대를 사는 사람들 사이의 차이도 엄청납니다. 너무 달라서 끊임없이 갈등이 일어나고, 때로 그 차이로 인해 끔찍한 전쟁이 벌어지기도 합니다. 그것은 타고난 본성이 달라서가 아니라, 태어난 이후에 형성된 생각과 습성이 달라서입니다. 문화의 차이가 그러한 차이를 만들어 낸 셈입니다.

이렇듯 인간은 그 어느 동물보다도 다양합니다. 그래서 사람마다 생각이나 생활하는 모습이 제각각입니다. 다른 동물들은 그렇지 않아요. 같은 종이라면 거의 비슷비슷해요. 그래서 개성이라는 것이 뚜렷하지 않지요. 만일 여러분이 고양이를 키우고 있다면 그 동물에 대해서 친구에게 얼마나 오랫동안 이야기할 수 있을까요? 기껏해야 한 시간 정도 이야기하고 나면 더 이상 할 말이 없지 않을까요?

그에 비해 엄마 또는 어떤 연예인에 대해 이야기한다면 어떨까요? 며칠 동안 계속 말을 해도 끝이 없을 겁니다. 여러분 자신에 대해서라면 더 오랫동안 할 이야기가 쏟아질 것입니다. 인간은 그 됨됨이가 너무 복잡하고 다양하기 때문에 끝없이 새로운 이야깃거리가 생겨나요. 다른 사람들에 대해 그리고 서로에 대해 할 말이 많습니다. 저마다 살아가는 방식이 제각각이기 때문에 흥미롭게 관찰할 내용이 많습니다. 문화라는 프로그램이 인간의 모습을 그렇게 여러 가지 모양과 색깔로 빚어냅니다.

<u>03</u>

손재주와 말솜씨의 비결은?

불,

인간과 자연의
관계를 바꿔 놓은
힘

인간의 역사 속에서 엄청난 노래들이 만들어져 불리었습니다. 그런데 지금까지 동서양을 통틀어 사람들에게 가장 널리 알려진 노래는 무엇일까요? 「해피 버스데이 투 유」라는 생일 축하 노래라고 합니다. 19세기 말에 작곡된 이 멜로디는 20세기 초에 지금의 영어 가사가 얹혀 전 세계로 퍼져 나갔습니다. 지금 이 순간에도 지구상의 수많은 사람이 이 노래를 부르며 파티를 즐기고 있을 것입니다. 그런데 이 노래와 함께 전파된 풍습이 있는데, 촛불을 켜 놓고 노래를 부른 다음 다시 그것을 입으로 불어서 끄는 것입니다. 이 간단한 의례는 이제 세계 공통의 문화로 자리 잡은 듯합니다.

그런데 왜 촛불을 켜고 끌까요? 프랑스 작가 베르나르 베르베르는 그에 대해 흥미로운 해석을 내놓았습니다. 촛불을 통해 생일의 주인공이 아직 건강하게 살아 있음을 확인하는 것이라고 합니다. 죽을 때가 가까워지면 입으로 바람을 불어 불을 끄는 것이 힘드니까요. 촛불을 훅 불어서 끌 수 있다는 것, 불을 다룰 수 있다는 것은 생명의 기운이 충만하다는 증거가 될 수 있습니다. 물론 우리가 생일 촛불을 끄면서 그런 생각을 하지는 않습니다. 다만 뿌리를 더듬어 보면 그런 의미가 담겨 있을 수 있다는 말입니다.

인간의 역사에서 불은 각별한 존재였습니다. 인류가 다른 동물들이 가지 않은 생존의 길을 과감하게 내디딜 수 있도록 해 준 최초의 도우미가 바로 불이었다고 말할 수 있어요. 어떤 점에서 그럴까요? 인간은 포유류치고는 아주 나약한 편입니다. 비슷한 정도의 몸집을 가진 다른 짐승들 가운데 인간이 싸워서 이길 수 있는 상대가 거의 없습니다. 그래서 아득한 옛날 들판에서 생활할 때, 언제 맹수의 먹이가 될지 모르는 불안에 늘 시달렸을 것입니다. 밤에 잠을 자다가 물려 가는 경우도 숱했을 거고요. 그런데 인간이 불을 다룰 수 있게 되면서 상황은 달라졌습니다. 이제는 자신을 위협하는 동물들에게 불로 겁을 줘서 물리칠 수 있고, 동굴 입구에 불을 피워 놓고 안쪽에서 안심하고 잠을 잘 수도 있으니까요.

불이 인간의 삶에 끼친 영향은 그 외에도 엄청납니다. 우선 숲

에 불을 질러 나무를 없애면서 논밭을 일굴 수 있고, 추운 기후대에서도 삶터를 마련할 수 있게 되었지요. 그리고 무엇보다 결정적인 것은 요리입니다. 만일 음식을 익혀서 먹을 수 없었다면 지금과 같은 문명은 생겨날 수 없었을 것입니다. 왜 그럴까요? 다른 짐승들을 봅시다. 하루 시간의 대부분을 먹는 데 사용합니다. 침팬지의 경우 과일이나 채소로 배를 채우는데, 자신에게 필요한 칼로리를 흡수하기 위해 매일 10시간 가까이 식사해야 합니다. 사람도 생쌀과 채소나 과일 등으로 끼니를 때운다면 그만큼 시간이 필요합니다. 한 끼 식사에 두세 시간 정도 걸리는 거죠. 꼭꼭 씹어 먹어야 하니까요.

그런데 아무리 꼭꼭 씹어 먹어도 불에 익힌 음식에 비해서는 위장에 부담이 됩니다. 오랫동안 소화를 시켜야 한다는 말이지요. 그래서 다른 동물들은 두뇌보다 창자의 부피가 훨씬 큽니다. 그런데 인간은 반대입니다. 우리는 모든 동물들 가운데 유일하게 두뇌가 창자보다 더 크고 무겁답니다. 불 덕분에 인간은 식사 시간을 줄일 수 있었을 뿐 아니라, 장의 부담을 줄이면서 뇌의 기능을 높일 수 있었던 셈입니다. 다시 말해 생각할 시간이 늘어났고, 두뇌의 성능이 좋아진 것이지요. 인류가 다른 동물에 비해 육체의 힘이 나약한데도 우위에 설 수 있게 된 것은 바로 두뇌의 탁월함 덕분입니다.

 주니어 대학

직립, 엄지

그리고
돌도끼

그런데 위장이 작아지면서 신체 구조에 또 하나
의 커다란 변화가 일어났습니다. 불을 사용할 줄 몰랐던 오스트랄
로피테쿠스는 고릴라나 침팬지와 마찬가지로 구부정했어요. 그런
데 그것이 불의 사용과 무슨 관계가 있다는 말인가요? 앞에서 말
했듯이 생식을 해야 하는 상황에서는 장이 무척 커야 하는데, 그
커다란 부피의 배를 지탱하려면 그렇게 구부정한 자세가 될 수밖
에 없습니다. 그런데 음식을 익혀 먹게 되면서 장이 작아졌고, 배
가 홀가분해지면서 인간은 완전하게 직립할 수 있게 되었습니다.
척추를 비교해 보면 다른 유인원들은 척추가 활 모양으로 휘어져
있는데, 사람은 에스(S) 자로 되어 있습니다.

완전한 직립은 인간의 문명에 결정적인 기반이 되었습니다. 우선 그 자세가 아니라면 이렇게 큰 두뇌를 지탱할 수가 없어요. 다른 동물들은 머리를 몸통에 매달고 다니는데 비해, 인간은 어깨 위에 얹고 다니지요. 그러니까 웬만큼 무거워도 부담이 되지 않아요. 심지어 그 무거운 머리 위에 다른 짐을 더 얹기도 하잖아요. 다른 동물들은 시늉도 내지 못할 일입니다. 몸집에 비해 무척 커다란 머리가 뛰어난 인간 문명의 바탕이라고 할 때, 그 두뇌의 무게를 감당할 수 있는 신체 구조는 바로 직립이었습니다.

직립이 가져다준 또 하나의 결정적인 선물은 바로 손입니다. 대부분의 짐승들은 손을 가지고 있지 않습니다. 영장류들의 경우 사람과 비슷한 손을 가지고 있는 듯 보입니다. 그런데 완전한 손으로 독립하지 못했지요. 걸어 다닐 때 보면 주먹 쥔 손으로 땅을 짚잖아요. 절반쯤은 발의 기능을 수행하고 있는 것입니다. 그에 비해 인간의 경우는 기나긴 진화 과정의 어느 단계에서부터 보행할 때 앞발, 즉 손을 점차 필요로 하지 않게 되었습니다. 그 결과 홀가분해진 손은 물건들을 만지작거리는 데 더 많이 쓸 수 있게 되었습니다. 도구를 만들고 사용하는 능력

인간이 직립을 하면서 치르게 된 대가도 있다. 출산의 고통이 다른 동물보다 크다는 것이다. 머리가 유난히 크고 골반은 아기가 나오기 어려운 구조라서 출산이 힘들다. 또 심장이 높은 곳에 위치해 혈액 순환과 관련된 질병에 많이 시달린다. 치질과 하지정맥류, 심장병은 피를 위아래로 길게 순환시키는 부담이 큰 데서 비롯된 질환이다.

주니어 대학

이 비약적으로 발달하게 된 바탕에는 직립으로 인해 자유로워진 두 손이 있다고 할 수 있습니다.

돌도끼에서 컴퓨터 마우스에 이르기까지 인간이 그동안 만들어 낸 도구들은 헤아릴 수 없을 정도로 많습니다. 도구란 무엇인가요? 신체를 연장하면서 대신하는 수단입니다. 그것으로 몸의 결점을 해결할 수 있게 되었습니다. 다리의 부족함을 교통수단으로 보완하고, 이와 손톱(발톱)의 나약함을 무기로 메울 수 있습니다. 그리고 눈과 귀와 입의 한계를 각종 통신 장비로 극복할 수 있습니다. 그 결과 치타보다 빠르게 이동하고 코끼리를 잡아들일 수 있으며 새보다 높이 날아오를 수 있습니다. 박쥐나 돌고래 같은 동물이 아무리 정교한 초음파로 의사소통한다 해도, 스마트폰에 비할 바는 못되지요.

그런데 이런 의문이 듭니다. 다른 영장류들도 절반 정도는 손을 사용할 수 있지 않은가? 그들도 사람처럼 다섯 개씩 손가락을 갖고 있고 마디의 구조도 똑같고 길이도 꽤 길지 않은가? 그렇다면 사람의 절반 정도의 도구 제작 능력은 가질 수도 있지 않았을까? 그에 대한 첫 번째 답은 손가락의 차이에서 찾을 수 있습니다. 바로 엄지입니다.

사람의 엄지손가락은 다른 네 손가락과 정면으로 접촉할 수가 있지요. 그리고 크게 돌려 보면 매우 넓게 움직입니다. 짤막하지만 그 어느 손가락보다도 큰 원을 그릴 수 있습니다. 다른 영장류들은 그것이 불가능합니다. 말하자면 엄지 대신에 검지가 하나 더 붙어 있다고 보면 됩니다. 그러니까 어떤 물건을 잡을 때 사람처럼 완전히 동그랗게 말아 줄 수가 없습니다. 이 차이는 엄청납니다. 간단하게 확인해 볼까요? 엄지손가락을 빼놓고 나머지 여덟 손가락만 사용해서 단추를 꼈다가 풀어 보세요. 무척 힘들 거예요. 인간에게 이렇게 능란한 엄지손가락이 있기 때문에 우리가 쓰는 대부분의 도구가 만들어지고 사용될 수 있는 것입니다.

언어는
세상을 담아내는

그릇

그렇다면 영장류들이 사람과 똑같은 모양의 엄지손가락을 갖게 된다면 우리처럼 도구를 사용할 수 있을까요? 그렇지 않습니다. 손보다 중요한 것은 역시 두뇌입니다. 생각하는 힘입니다. 무엇을 어떻게 생각한다는 말인가요? 다른 동물들도 모두 나름대로 생각을 하는데 말입니다. 하지만 그들은 주어진 것을 벗어나지 못합니다. 예를 들어 호랑이들은 몇 만 년 전에 사냥하던 방법을 거의 그대로 사용하고 있습니다. 똑같은 시행착오를 계속 되풀이할 뿐, 의도적인 개선이 일어나지 않는 것입니다. 왜 그럴까요? 가령 어떤 사슴을 쫓다가 아깝게 놓쳤다 칩시다. 호랑이들은 그 경험을 되돌아보면서 분석하지 못합니다. 그때 내가 이런 점이 미숙했구나, 다음에는 그것에 유념해서 다른 방법으로 쫓아가야겠다, 이런 생각을 하지 못한다는 말입니다.

인간의 경우 다른 동물들과 근본적으로 다른 것은 반성 능력을 가졌다는 점이에요. 자기의 경험을 되새김질할 줄 압니다. 그리고 자기 앞에 펼쳐진 세계를 넘어서서 다른 눈으로 그것을 되돌아볼 줄 압니다. 그를 통해 부족한 것을 알아내고 바꿔 갑니다. 그리고 더 나아가 다른 경험과 새로운 세계를 상상합니다. 이 세상에 존재하지 않는 그 무엇을 머릿속에서 그려 냅니다. 카를 마르크스가 이런 말을 했습니다. '꿀벌이 집을 지을 때 자아내는 육각형의 문양, 그 정확함을 어떤 건축가도 따라갈 수 없다. 그러나 건축가가 뛰어난 점이 있다면 집을 짓기 전에 마음속에 그 모양을 미리 떠올린다는 점이다.'

건축가만이 아니죠. 인간은 모두 디자이너입니다. 디자인이란 무엇인가요? 발상과 창조가 그 핵심입니다. 현실에 없는 것을 생각해 내고, 그것을 눈에 보이는 어떤 사물로 만들어 내는 것입니다. 물론 동물들도 엄청난 것들을 빚어냅니다. 그 아름다움과 정교함은 예술 그 자체입니다. 아니 그 이상이라고도 말할 수 있습니다. 하지만 그것을 창조라고 하기는 어려워요. 왜냐하면 스스로

> 호모 파베르(Homo faber)는 도구의 인간을 뜻하는 용어이다. 인간의 본질을 도구를 사용하고 제작할 줄 아는 점에서 파악한 인간관으로 베르그송에 의해서 창출되었다. 인간은 유형, 무형의 도구를 만드는 동시에 자기 자신도 만든다고 보았다.

생각해 낸 것이 아니기 때문입니다. 단지 선천적으로 부여받은 유전자의 명령에 따라서 거의 자동적으로 작업했을 뿐입니다. 따라서 의도적인 변형을 일으키지 못합니다. 인간은 애써서 뭔가를 완성해 놓고도 끊임없이 질문합니다. '이게 전부인가? 더 나은 것은 없을까?' 주어진 것에 만족하지 못하고 계속 새로운 것을 찾아갑니다. 문명은 그러한 혁신이 거듭되어 온 과정이요, 결과라고 할 수 있습니다.

그러한 반성의 능력이 가능한 것은 언어가 있기 때문입니다. 다른 동물들도 소통을 하고, 어느 면에서는 인간보다 훨씬 뛰어난 정보 전달 능력을 발휘합니다. 그러나 그것은 정해진 체계를 따라서 기계적으로 정보를 주고받는 것입니다. 자유로운 생각을 담아 낼 수가 없어요. 인간의 언어는 단순히 정보를 전달하는 도구가 아닙니다. 우리는 언어를 통해 또 다른 세상을 지어냅니다. 어린아이들을 보면 알 수 있습니다. 그들은 말을 어느 정도 배우게 되면서 인형 놀이를 하기 시작합니다. "네가 엄마 해, 내가 아빠 할게." 이런 말을 하면서 전혀 다른 세계로 들어갑니다. 실제의 자기가 아닌 다른 존재로 변신합니다. 그런 놀이를 할 수 있는 나이가 되면 거짓말도 할 수 있게 됩니다. 현실에 없는 그 무엇을 꾸며 낼 수 있는 것이지요. 다른 동물들이 갖고 있지 않은 능력입니다.

철학자 하이데거는 언어를 '존재의 집'이라고 했는데, 생각해 보면 인간의 삶은 많은 부분이 언어를 통해 형성되고 유지됩니다. 우리의 감정이 언어에 얼마나 많이 좌우되는가를 생각해 봅시다. 친구의 말 한마디에 온 세상을 다 얻은 것처럼 우쭐해지기도 하고, 정반대로 세상에서 가장 못난 사람처럼 여겨지면서 살맛을 잃어버리기도 합니다. 사람은 다른 사람의 몸에 손 하나 대지 않고 그를 죽일 수도 있습니다. 말로 괴롭히는 것이 그 방법입니다. 어떤 집단에서 특정한 사람에게 조롱하고 공격하는 말을 계속 쏟아붓는다면, 그 사람은 견디다 못해 자살할 수도 있습니다. 불행하게도 학교에서 가끔 벌어지는 일이지요. 그런데 동물들의 경우는 어떤가요? 사람이 강아지를 말로 학대한다는 것은 거의 불가능하지 않을까요? 강아지들끼리도 마찬가지고요. 그런데 언어는 그렇게 살인적인 무기가 되기도 하지만, 정반대로 절망에 빠져 죽으려는 사람을 살려 내기도 합니다. 인간에게 언어는 그만큼 강력한 힘을 발휘하는 것입니다.

언어는 인간과 인간 사이를 이어 주는 징검다리입니다. 사람은 혼자서는 그 어느 동물보다도 무력하고 나약합니다. 동물들이 각각 한 마리씩 대표 선수를 내보내 야생에서 살아남는 서바이벌 게임을 벌인다면 포유류 가운데 인간이 가장 먼저 기권할 것입니다. 그토록 약한 인간이 어떻게 이처럼 강해졌을까요? 인간의 힘은 집단에서 옵니다. 인간은 그 어느 동물보다도 큰 규모의 조직을

이루어 살아왔고, 그것이 가능한 것은 언어가 있기 때문입니다. 언어를 통해서 인류는 서로의 생각을 교환하면서 끊임없이 혁신을 이룩했고, 그 결과를 축적하면서 문명을 발전시켰습니다. 그리고 인간관계를 단단하게 묶어서 개인의 취약함을 보완할 수 있는 것도 언어 덕분입니다.

온갖 통신 기술들이 혁신을 거듭하는 21세기에도 말과 글 자체를 대신하는 것은 없습니다. 첨단의 통신 기기는 그것을 효율적으로 전달하는 수단일 뿐입니다. 만일 언어가 사라진다면 어떻게 될까요? 공상 과학 소설에서나 나올 법한 일이지만, 상상해 봄 직한 질문입니다. 만일 어느 날 모든 사람들이 갑자기 말을 잊어버리거나 두뇌에 문제가 생겨서, 우리의 말이 제각각 다 달라져 어느 누구와도 소통을 할 수 없게 된다면 무슨 일이 벌어질까요? 인간의 사회는 곧바로 붕괴되고 말 것입니다. 언어는 인간의 삶을 지탱하고 담아내는 그릇입니다.

04

자연과 문화의 경계는 어디인가?

농사는

벤처
사업이었다

여러분은 어떤 음식을 좋아하나요? 사람들마다 식성이 조금씩 다르긴 하지만, 같은 문화권이라면 누구나 대개 공통적으로 좋아하는 먹을거리가 있습니다. 그 가운데 빼놓을 수 없는 것이 고기입니다. 채식주의자가 아니라면 우리는 거의 매일 육식을 합니다. 청소년들은 특히 햄버거, 치킨, 타코야키 등을 무척 좋아합니다. 용돈이 남아 군것질을 하고 싶을 때, 그런 음식들이 먼저 떠오를 것입니다. 우리는 돈이 조금만 있으면 집 가까이에서 금방 사 먹을 수 있습니다. 전화 한 통만 하면 한 시간 이내에 배달을 해 줍니다.

이런 광경을 다른 동물들이 본다면 어떻게 생각할까요? 야생에서 적수가 없는 사자나 호랑이의 눈에 어떻게 비칠까요? 다큐멘터리에서 사자나 호랑이가 먹이를 낚아채는 모습은 용맹스럽지만, 사실 그들의 생활은 고달프기 짝이 없답니다. 우선 사냥의 성공률은 20~30퍼센트 정도입니다. 초식 동물들도 그들 나름대로 적응이 되어 있어서 맹수들이 어느 정도 가까이 오면 도망을 쳐 버리거든요. 그나마도 먹잇감을 발견했을 때의 이야기입니다. 하루 종일 뛰어다니고도 허탕을 쳐 버릴 때가 적지 않습니다. 계절에 따라서 여러 날을 굶기도 합니다. 들판의 제왕이지만 만성적인 기아에 시달리는 것입니다. 그러다가 조금만 늙으면 곧 죽습니다. 이빨이 허약해지거나 빠져 버리면 더 이상 사냥을 할 수가 없거든요.

그런 짐승들이 보기에 우리 인간은 희한한 동물입니다. 하루 종일 사무실에서 컴퓨터만 두들기다가 퇴근길에 슈퍼마켓에서 고기 몇 점을 가볍게 집어 들고 가니까 말입니다. 그리고 집에 있는 냉장고를 열어 보면 며칠 동안 먹을 음식들이 가득 차 있잖아요. 자연 상태에서는 어느 동물도 다음 끼니가 보장되어 있지 않습니다. 그날그날 일용할 양식을 조달하는 일에 혼신의 힘을 기울여야 겨우 목숨을 이어 갈 수 있어요. 그리고 그 과정은 사뭇 험난합니다. 지금 인류 가운데 많은 이들이 그런 번거로운 수고를 들이지 않고 식사를 해결합니다. 소를 힘들게 잡아 끔찍하게 도살하는 수고를 전혀 하지 않고도 레스토랑에서 우아하게 스테이크를 잘라

먹습니다. 어떻게 이런 삶이 가능해졌을까요?

문명은 자연을 길들이는 과정이었습니다. 그 시작은 농사였지요. 문화를 뜻하는 '컬처(culture)'라는 말도 식물을 재배한다는 뜻의 '컬티베이트(cultivate)'에서 나왔습니다. 수십만 년 동안 수렵과 채취 생활을 해 온 인류가 기원전 1만 년 무렵 지구상의 몇 군데에서 농사를 짓기 시작했습니다. 그것은 대단한 비약이요, 엄청난 도전이었습니다. 지금 여러분 가운데 농부가 되겠다는 꿈을 가지는 친구는 드물 겁니다. 농사를 짓는 것은 시대에 뒤처진 일로 생각할 수도 있으니까요. 그러나 인류가 처음 농사를 시작했을 때, 그것은 첨단 산업이었고 벤처 사업이었습니다.

어떤 점에서 그렇게 획기적이었을까요? 농사는 수렵 채취와 달리 장기적인 안목이 있어야 합니다. 노고의 성과가 곧바로 돌아오지 않기 때문입니다. 땅을 갈아 씨를 뿌리고 몇 개월 동안 정성으로 가꿔야 열매를 거둘 수 있습니다. 그리고 그 소출이 보잘 것 없을 수도 있습니다. 사실 농경의 초기엔 수렵 채취보다 배불리 먹을 수 있었던 것만은 아니었습니다. 도중에 자연재해로 모든 것이 허사로 돌아갈 수도 있습니다. 땀 흘려 가꾸고 수확한 곡물을 도적이나 침략자들이 모두 약탈해 갈 수도 있습니다. 그런 위험을 무릅쓰고 농사에 나선 사람들은 모험가들이라고 해야 합니다.

농경은 인류의 생존 방식을 근본적으로 바꿔 놓았습니다. 농사를 짓게 되면서 인간과 자연의 관계가 완전히 달라집니다. 수렵 채취를 할 때는 자연이 제공해 주는 한도 내에서 일부 동식물을 먹었습니다. 자연이 베푸는 자비 그리고 인간에게 주어진 운

명에 많은 것이 좌우되었다고 할 수 있습니다. 그런데 농경 시대로 들어오면서 인간은 자연을 다스리기 시작합니다. 식물의 원리를 탐구하여 자신의 의도에 맞게 조작하는 것입니다. 농사꾼들은 수많은 시행착오를 거듭하면서 각 식물들의 성질을 파악했고, 효과적으로 가꾸는 방법을 오랜 세월에 걸쳐 개선해 왔습니다.

농경과 함께 일어난 또 하나의 커다란 변화는 가축의 사육입니다. 벌판을 뛰어다니면서 힘들게 사냥하는 대신 인간의 울타리 안에서 키우고 있다가 필요할 때 잡아먹는다는 것, 이것 역시 엄청난 혁명이지요. 그리고 몇 천 년 뒤의 일이지만, 한 걸음 더 나아가 가축들에게 일을 시켜서 노동의 효율을 높이게 된 것은 대단한 발명이라고 할 수 있습니다. 이렇듯 자연의 여러 동식물들을 길들이면서 인간의 생산력은 빠르게 증가했습니다. 오늘 우리가 편안하게 음식을 먹을 수 있는 것은 바로 그러한 문명의 기나긴 축적 위에서 가능한 것입니다.

사람이

스스로를
길들이는 질서

그런데 문명이 길들인 것은 자연만이 아니었습니다. 인간 자신도 그 대상이 되었습니다. 우선 노예를 들 수 있습니다. 인간은 가축뿐 아니라 다른 인간들도 노동의 도구로 사용하기 시작했습니다. 고대 문명의 웅대한 건축물들은 숱한 노예들의 피와 땀으로 세워질 수 있었습니다. 그리고 그 착취 덕분에 많은 사람이 직접적인 생산에서 해방되어 다른 일에 몰두할 수 있었지요. 문명은 여러 가지 직업과 활동을 전문화시키면서 삶의 폭을 넓혀 주었습니다. 그리고 사회의 전반적인 결속력이 높아지면서 생산력과 군사력도 향상되었고, 그 힘으로 영토를 끊임없이 넓혀 나갔습니다. 문명이 탄생하면서 전쟁이 훨씬 잔인해졌는데, 땅을 차지하고 노예를 잡아 오기 위해서 싸웠기 때문입니다.

그런데 문명의 전개 과정에서 길들여진 것은 노예만이 아닙니다. 그 안에서 살아가는 사람들 모두가 고분고분해졌다고 할 수 있습니다. 즉 사회가 요구하는 질서에 순응하지 않으면 안 되게 된 것입니다. 물론 다른 동물들도 집단 속에서 개체들을 다스리는 질서가 있습니다. 그것을 어기면 나름대로 징계가 따릅니다. 그러나 인간 집단의 질서는 다른 동물보다 한결 빡빡하고 촘촘합니다. 규율과 처벌도 훨씬 혹독합니다. 그래서 인간은 아이를 키우면서 엄격하게 훈육합니다. 가르침을 받지 못하면 온전한 인간이 되지 못하지요. '가르치다'는 말은, '밭을 갈다'라고 할 때 '갈다'와 '양의 치다'라고 할 때 '치다'가 결합한 것이라고 합니다. 식물과 동물을 길들이듯 인간을 길들이는 것이라고 할 수 있겠지요. 사회의 질서에 순응하는 것은 그만큼 생존에 중요합니다.

다른 동물들의 경우 집단의 질서는 자연의 법칙을 따릅니다. 그에 비해 인간의 경우 자연의 법칙과 구별되는 또 다른 질서를 만들어 냈습니다. 그것이 무슨 차이일까요? 예를 들어 개들에게는 예절이라는 것이 없습니다. 다른 개들 앞에서 방귀를 뀌거나 트림을 해도 전혀 문제가 되지 않습니다. 늙은 개 앞에서 어린 강아지가 벌러덩 누워 있어도 아무도 뭐라고 하지 않지요. 그런 행동이 생존에 전혀 위협이 되지 않기 때문입니다. 동물들에게 요구되는

질서를 지키자

질서가 있다면 그것은 생물학적인 법칙에 의해서 생겨난 것입니다. 힘센 수컷 원숭이가 암컷을 마음대로 차지할 수 있는 질서 같은 것 말입니다.

그런데 인간 집단에서 요구되는 질서는 차원이 다릅니다. 우리는 다른 사람들 앞에서 행동을 조심합니다. 가래침을 함부로 뱉거나 시끄러운 소리를 내면서 코를 풀거나 하면 눈총을 받습니다. 그 정도는 아주 기본적인 것이지요. 타인을 불쾌하게 하는 행동은 무척 많습니다. 빤히 쳐다보거나 비웃는 표정을 지으면 화를 냅니다. 다른 동물들의 세계에서는 빤히 쳐다본다고 해도 아무 문제가 되지 않습니다. 비웃는 표정은 아예 불가능합니다. 바로 이 점이 인간과 동물의 차이입니다. 인간들끼리 소통하는 방식은 매우 복잡하고 정교합니다. 그리고 거기에 여러 가지 감정들이 섞여 듭니다. 동료를 칭찬하거나 욕하는 것이 동물들에게는 불가능하지만, 인간 세상에서는 늘 벌어집니다.

인간 사회의 질서는 상당 부분 언어를 통해서 만들어지고 유지됩니다. 인간의 언어는 단순히 정보 전달의 수단이 아니라, 그 자체로 하나의 우주를 이루는 것이라고 앞에서 말한 적이 있지요. 달리 말하면 인간은 언어를 통해 생물학적 법칙과 구별되는 또 다른 삶의 법칙을 만들어 냈습니다. 예를 들어 인간 사회에는 수많은 금기가 있습니다. 그 가운데 가장 뿌리 깊은 것이 근친상간

금기입니다. 다른 동물들은 짝짓기의 대상에 경계가 없습니다. 그런데 인간은 어느 사회에서나 엄격하게 선을 그어 놓지요. 그 허용의 범위에 차이가 있을 뿐, 아무하고나 짝짓기나 결혼을 할 수 있도록 하는 사회는 없습니다.

만일 언어가 없다면 사회의 규제는 매우 어렵습니다. 우리는 어릴 때 윗사람에게 버릇없이 굴면 부모님의 꾸지람을 들었습니다. 내가 어떤 사람들과 어떤 관계를 맺을 수 있거나 맺어야 하는지도 말을 통해서 배울 수 있습니다. 남녀, 나이, 혈통과 신분 등을 기준으로 사람들 사이에 높낮이를 매기고 그것을 받아들이도록 합니다. 동물들 사이의 우열을 결정하는 것은 오로지 힘이지만, 인간의 경우 전혀 다른 권력이 움직입니다. 그래서 건장한 청년이 죽어가는 노인에게 깍듯하게 복종합니다. 생물학적인 법칙과 구별되는 사회적 규칙을 만들게 된 것, 즉 자연과 대비되는 문화를 창조할 수 있었던 것은 언어 덕분이었습니다.

깨끗함과
더러움의

경계

문화는 자연의 질서와 구별되는 또 다른 질서입니다. 즉 우리의 생명을 유지하는 데 직접 관련이 없지만, 지켜야 하는 법칙 같은 것이지요. 예를 들어 설명해 볼까요? 우리는 누구나 더러운 것을 싫어합니다. 물론 동물들도 대체로 더러운 것을 피합니다. 새들은 둥지를 깨끗하게 유지하고, 고양이들도 배설물을 깔끔하게 처리합니다. 그런데 그것은 거의 다 생존의 이유 때문입니다. 신체의 안전을 위협하는 더러운 물질에서 일정한 거리를 유지하는 것이죠. 그에 비해 인간의 경우 깨끗하고 더러운 것의 기준이 좀 다릅니다.

예를 들어 어떤 식당에 갔는데 탁자 위에 앞에 식사했던 사람이 떨어뜨린 것 같은 밥알이 있다고 합시다. 먹다가 입에서 흘린 것이 아니라 밥그릇에서 바로 떨어진 것이 분명합니다. 그러니까 그것은 깨끗합니다. 먹어도 아무 탈이 나지 않아요. 그러나 우리는 그 밥알이 더럽다고 느낍니다.

왜 그럴까요? 문화 인류학자 메리 더글라스에 따르면 그것은 우리의 생각 때문입니다. 어떤 물질이 그 자체로 아무리 깨끗하다 해도, 어디에 놓여 있느냐에 따라 더럽다고 느낄 수 있습니다. 곱게 닦은 신발을 말끔한 차림의 숙녀가 신고 있다면 깨끗하다고 느끼지만, 그 신발을 식탁 위에 올려놓으면 눈살을 찌푸리게 됩니다. 더럽다고 느끼는 것입니다. 비슷한 식으로, 예쁜 꽃다발이 화장실

휴지통에 버려져 있다면 아름다움을 느끼기 어렵습니다.

그런 눈으로 보면 비슷한 경험을 많이 찾아낼 수 있습니다. 여러분이 샴푸로 머리를 잘 감고 나서 머리카락 하나가 방바닥에 떨어지면 얼른 치워 버립니다. 그 자체로는 깨끗하지만 머리에서 떨어져 나오는 순간 쓰레기가 되는 것이죠. 아무리 김치를 좋아하는 사람도 옷에 김치 국물이 묻어 있으면 애써서 닦아 냅니다. 상대방의 이빨에 고춧가루가 끼어 있으면 거부감을 갖습니다.

조금 더 지저분한 이야기를 해 볼까요? 아무리 맛있게 먹고 있는 음식이라 할지라도 입안에서 오물오물 씹다가 입 밖으로 뱉어 낸다면 그것을 볼 때 어떤 느낌이 들까요? 구역질이 날 것입니다.

자기가 먹던 것인데도 말입니다. 그것은 결코 더럽지 않습니다. 하지만 아무리 배가 고파도 그것을 다시 입에 집어넣기 힘듭니다.

다른 동물들은 그런 것에 구애받지 않습니다. 비둘기나 고양이들을 보세요. 사람들이 버린 음식 쓰레기를 거리낌 없이 먹습니다. 사람에게 그런 것을 먹으라고 하면, 뜨악해할 것입니다. 생각만 해도 구역질이 나거든요. 그런데 그 생리적인 반응은 선천적인 것이 아닙니다. 예전에는 어른들이 아기에게 밥을 먹여 줄 때 자기 입에 넣어서 어느 정도 씹은 다음에 넣어 주는 일이 종종 있었습니다. 아기는 아무 거리낌 없이 받아먹었습니다. 지금도 만일 그렇게 한다면 아기들은 그냥 받아먹을 게 분명해요.

그런데 아이가 자라면서 태도가 달라집니다. 아무리 자기 엄마라 할지라도 그 입속에 들어갔다가 나온 음식을 먹으라고 하면 웩 하고 소리를 지릅니다. 왜 그렇게 달라졌을까요? 문화를 습득했기 때문입니다. 무엇이 깨끗하고 더러운가에 대해 사회가 분류해 놓은 질서를 마음속에 받아들인 것이지요. 그 습득은 매우 자연스럽게 일어납니다. 그러한 생각과 느낌의 시스템이 자기도 모르는 사이에 머리와 몸에 들어오게 되는 것입니다.

깨끗함과 더러움의 구분은 문화의 지극히 작은 부분에 지나지 않습니다. 문화는 엄청나게 광범위한 영역을 아우릅니다. 그것은 세상을 바라보는 틀이니까요. 그래서 사물만이 아니라 사람도 일정한 방식으로 분류합니다. 거기에는 자기 자신도 포함됩니다. 앞에서 근친상간을 설명하면서 짝짓기의 대상이 될 수 있는 사람의 범위를 이야기했는데, 인간 사회에서는 그 외에도 수많은 분류가 존재합니다. 사람뿐만 아니라 행동이나 경험도 분류의 대상이 됩니다. 거기에는 여러 가지 기준들이 깔려 있지요. 아름다움과 추함, 선과 악, 옳고 그름, 똑똑함과 멍청함, 우월한 것과 열등한 것, 행복과 불행, 정상과 비정상……

그러한 분류는 문명의 발전과 함께 점점 복잡하고 세분화되어 왔습니다. 그것을 통해 인간의 삶은 안정된 기반을 닦았다고 할 수 있습니다. 그러나 다른 한편으로는 그것이 오히려 사람을 억압하기도 합니다. 차별이 바로 그것입니다. 사람들 사이에는 다른 동물들과 비교가 되지 않을 만큼 엄청난 불평등이 존재하는데, 그 바탕에는 사람을 어떤 기준으로 나누는 강한 틀이 깔려 있습니다. 여러분이 괴롭고 속상한 일을 겪을 때, 무엇 때문인지 잘 따져 보세요. 다른 사람들이 나를 인정해 주지 않고, 더 나아가 우습게 봐서 그런 경우가 많을 것입니다. 그 시선은 문화가 만들어 놓은 틀입니다. 이렇게 살펴보니 문화에는 두 얼굴이 있네요. 문화는 인간을 사회의 질서 속에 편안하게 묶어 줍니다. 그러나 정반대로 숨 막히게 억누르기도 합니다. 우리는 문화의 그러한 양면성을 잘 알아 둘 필요가 있습니다.

05

삶은 즐거울 수 있을까?

세상에서
가장

위험한 동물

　　외국의 어느 동물원에는 색다른 전시물이 하나 있습니다. 동물들이 갇혀 있는 방들 옆에 자그마한 공간을 따로 마련해 안쪽에 거울을 달아 놓은 것입니다. 이 방에는 무슨 동물이 있을까 하고 관람객들이 얼굴을 내밀면 자기의 얼굴을 마주하게 됩니다. 깜짝 놀라는 사람들이 많겠죠. 이 방을 만든 목적은 사람도 동물이라는 걸 새삼 일깨워 주려는 것입니다. 그런데 그 거울 아래에는 인간에 대해 설명하는 간단한 문구 하나가 붙어 있습니다. '세상에서 가장 위험한 동물.'

　　인간보다 훨씬 사납고 힘이 센 동물들이 얼마나 많은데, 왜 인간을 가장 위험하다고 했을까요? 생각해 보면 이 지구상에 인간

만큼 다른 생명체들에게 해를 많이 끼치는 동물이 없거든요. 우리 때문에 사라진 동식물이 엄청나잖아요. 인간의 서식지가 넓어지고 생활이 편리해질수록 '생물종 다양성'은 줄어듭니다. 인간 이외의 어떤 생물들도 다른 종(種)에게 이렇게 막대한 영향을 끼치지 않습니다.

생물종 다양성이란 일반적으로 자연의 다양한 정도를 나타내는 용어로 쓰이는데, 동식물의 종과 미생물의 종 그리고 모든 종들이 관여하는 생태계와 생태 과정의 다양함을 말한다. 따라서 다양성이란 한 종에 속하는 개체의 수가 아니라 종 자체의 다양성을 가리키는 말이다.

그런데 위협을 당하는 것은 자연만이 아닙니다. 인간 자신도 심각한 지경에 놓여 있습니다. 다른 동식물들에게만이 아니라 인간에게도 인간이 가장 무섭습니다. 사실 우리가 살면서 다른 생물들의 위협을 받는 일은 별로 없습니다. 맹수와 마주칠 일이 거의 없고, 전염병도 크게 줄어들었습니다. 문명의 힘 덕분이지요. 자연에 대한 통제력을 높이면서 창출해 낸 인공적인 환경, 바로 그것이 문명입니다. 이제 인간의 삶에 영향을 끼치는 힘은 자연보다는 사회에서 더 많이 온다고 할 수 있습니다.

물론 자연이 인간의 행복과 불행을 좌우할 때가 있습니다. 따사로운 햇빛과 아름다운 꽃과 부드러운 바람이 상쾌함을 가져다 줍니다. 반면에 자연재해, 가뭄, 질병 등이 우리를 곤경에 몰아넣습니다. 그러나 인간이 겪는 기쁨과 고통은 많은 부분이 자연이 아

닌 인간에서 비롯됩니다. 자신이 관계를 맺고 있는 주변 사람, 각종 모임과 집단과 조직, 거대 기업과 국가, 국제 질서에 이르기까지 우리에게 영향을 끼치는 사회는 매우 폭넓습니다. 그러한 사회는 인간을 안전하게 보호하면서 행복을 북돋아 줄 수도 있고, 정반대로 몸과 마음을 괴롭히면서 죽음으로 몰아갈 수도 있습니다. 사람은 사람 없이는 도저히 살 수 없는 동물이지만 또한 사람 때문에 삶을 포기하기도 합니다.

문화는 삶의 코드(문법)입니다. 사람과 사람 사이를 이어 주는 접착제입니다. 그것은 인간이 만들어 낸 것이지만, 자연보다도 더 강력한 힘으로 인간을 지배합니다. 자칫 목숨을 잃을 수 있는데도 무리하게 성형 수술이나 다이어트를 하는 사람을 생각해 봅시다. 죽음에 대한 두려움을 잊을 정도로 아름다움을 열망하는 것이지요. 인간이 추구하는 것은 아름다움 외에도 매우 많습니다. 충분한 재산이 있는데도 더 많은 돈을 벌기 위해 몸과 마음을 혹사하고, 인생의 길이 창창한데 수능 성적이 나쁘다고 자살을 감행합니다. 타인으로부터 인정받고자 하는 인간의 욕망은 신체의 안전에 대한 생물학적인 본능을 능가하기도 하는 듯합니다.

인간은 엉뚱한 충동에 사로잡히기 쉬운 동물입니다. 수백만 명의 유대 인을 학살한 히틀러를 신처럼 떠받들던 사람들, 천황을 위해 꽃다운 청춘을 바쳤던 일본 가미카제 특공대, 축구장에서 자기가 응원하는 팀이 졌다고 폭동을 일으키는 관중들, 도박으로 큰돈을 잃고도 일확천금의 꿈에 취해 빚을 눈덩이처럼 키워 가는 도박 중독자들……. 정말로 사람은 매우 위험한 동물입니다. 그러나 인간은 드높은 이상에 사로잡히기도 합니다. 예술에 한없이 심취하여 탁월한 작품을 창조하고, 무한한 지식의 바다를 항해하면서 새로운 정신 영역을 개척하며, 어려운 처지에 있는 이웃을 위해 헌신하고, 정의의 실현을 위해 목숨을 바치는 사람들도 많습니다.

협동은

위대한
능력이다

미국의 어느 학교에 아메리칸 인디언 아이들이 전학을 왔습니다. 시험을 치르는 날 백인 아이들은 필기도구를 꺼내고 옆의 친구가 답안지를 보지 못하도록 책상 가운데에 책가방으로 담을 쌓았습니다. 오래된 관행이라서 선생님이 따로 지시하지 않아도 아이들은 자연스럽게 그렇게 했던 것이죠. 그런데 인디언 아이들은 엉뚱하게 움직였습니다. 자기들끼리 책상을 돌려 등 그렇게 모여 앉기 시작한 것입니다. 선생님은 도대체 뭐 하는 거냐고, 왜 시험 칠 준비를 하지 않고 장난을 치느냐고 꾸짖었습니다. 그때 인디언 아이들은 이렇게 말했다고 합니다. "선생님, 저희는 예전부터 어려운 문제가 있을 때는 서로서로 도와 가며 해결해야 한

주니어 대학

다고 배웠어요.”

수십만 년 동안 인류는 어떻게 생존을 이어 왔을까요? 생물학적으로 나약하기 짝이 없는데도 생태계의 정점에 설 수 있게 된 비결은 무엇일까요? 앞에서 이야기한 것을 간추려 되풀이하자면, 사물의 원리를 꿰뚫어 보고 새로운 가능성을 탐색하는 사고력, 생각과 느낌을 주고받으면서 생각을 넓히는 데 도움을 주는 언어, 그리고 다양한 도구를 만들어 사용하는 손을 꼽을 수 있습니다. 그러한 두뇌와 신체 조건에 힘입어 다른 동물들이 감히 흉내도 낼 수 없는 능력으로 문명을 건설해 온 것입니다. 그러나 개개인의 뛰어남만으로는 문명을 온전히 설명하지 못합니다. 인간의 뛰어남은 ‘사회성’에 있었습니다. 물론 다른 동물들도 무리를 이루어 삽니다. 하지만 인간의 사회적 관계는 차원이 다릅니다.

일본 교토 대학 영장류 연구소에서 이런 실험을 해 보았습니다. 침팬지 두 마리를 분리된 두 철창 안에 집어넣습니다. 각 방을 A와 B라고 합시다. 그 칸막이는 유리로 되어 있고, 위쪽에 약간의 공간이 열려 있습니다. 연구진은 A 방 앞에 맛있는 음식을 놓았는데 침팬지가 철창 밑의 틈으로 손을 뻗어도 닿지 않을 정도의 거리에 있습니다. 배가 고픈 침팬지는 여러 차례 음식을 가지려고 시

주니어 대학

도하지만 30센티미터 정도가 모자랍니다. 그런데 연구진은 B 방 안에 50센티미터 정도 되는 막대기를 넣어 놓았습니다. 그 방에 있는 침팬지에게는 아무런 소용이 없는 물건이죠. A 침팬지가 음식을 잡으려 애쓰다가 그 막대기를 보게 됩니다. 그리고 그것을 달라고 요청을 합니다. B 침팬지는 마지못해 막대기를 줍니다. 침팬지들도 그 정도의 소통 능력은 지니고 있습니다. A 침팬지는 그 막대기로 음식을 가져오는 데 성공합니다. 그다음에 사람 같으면 어떻게 할까요? B 침팬지에게 감사의 표시로 일부를 떼어 주는 것이 인지상정이지요. 하지만 A 침팬지는 그럴 생각이 전혀 없습니다. 혼자서 게걸스럽게 먹어 치웁니다. B 침팬지는 군침만 삼키고 있는데 말입니다.

인간의 유전자를 98퍼센트 이상 공유한다는 침팬지이지만 행동 방식은 이렇듯 너무 다릅니다. 여기에서 인류가 어떻게 다른 동물들과 다른 존재가 될 수 있었는지를 알 수 있습니다. '협동할 줄 아는 능력'이 그 핵심입니다. 위의 실험에서 보았듯이 침팬지는 상대방이 요청하기 전에 그의 필요를 파악하고 먼저 나서서 도움을 주는 일이 없습니다. 그리고 어미가 새끼에게 먹이를 주는 것 이외에, 다른 개체가 갖고 싶어 하는 것을 자발적으로 건네주지 않습니다. 다만 별로 귀하지 않은 음식의 경우 다른 녀석들이 몰래 가져가는 것을 묵인하는 정도입니다. 그런데 사람은 어떤가요? 아장

아장 걷는 아이들이 엄마 입에 먹을 것을 넣어 주는 모습을 종종 봅니다. 동물들의 세계에서는 있을 수 없는 행동이에요. 좋은 것을 타인과 나눌 줄 아는 마음이야말로 인간이 탄탄한 사회를 만들 수 있었던 비결입니다.

사회는 협동을 통해서 유지됩니다. 협동은 마음이 오가는 것입니다. 도움을 받으면 보답을 해야 그 관계가 지속됩니다. 적어도 말로라도 고마움의 표시를 해야 합니다. 침팬지들에게는 그 두 가지 모두 불가능합니다. 자기가 아쉬울 때에만 상대방을 끌어들이고, 도움을 받고 나면 언제 그랬냐는 듯 그냥 입을 싹 씻어'버립니다. 그러니 먼저 나서서 도와줄 마음이 생기지 않겠지요. 그들이 이룰 수 있는 집단의 크기가 일정한 수준을 넘어설 수 없는 이유도 마찬가지입니다. 그에 비해 인간은 당장 자기 눈앞에 있는 이익을 넘어서서 보다 넓고 멀리 바라볼 수 있었기에, 훨씬 커다란 공동체를 이루어 살 수 있었습니다.

문화,

삶을 함께
빚어내는 놀이

칠레 작가 루이스 세풀베다가 쓴 『갈매기에게 나는 법을 가르쳐 준 고양이』라는 동화가 있습니다. 검은 고양이 소르바스가 사는 집 베란다에 어느 날 켕가라는 갈매기가 떨어집니다. 바다에 유출된 기름 때문에 몸이 상해 죽어 가고 있었어요. 켕가는 알을 낳으면서 소르바스에게 세 가지를 부탁합니다. 첫째는 자신이 낳은 알을 절대로 먹지 않기, 둘째는 새끼가 태어날 때까지 알을 보호해 주기, 셋째는 거기에서 나온 새끼 갈매기에게 나는 법을 가르쳐 주기입니다. 소르바스는 그렇게 하겠다고 약속을 하고, 친구 고양이들과 함께 백과사전을 뒤져 가면서 갈매기 키우기에 전념합니다. 아기 갈매기에게 행운아라는 뜻의 아포르뚜나

다라는 이름을 지어 주고 정성을 다해 돌보아 줍니다.

아포르뚜나다는 자신이 고양이인 줄 알고 자라납니다. 어느 날 소르바스는 이제 아포르뚜나다에게 출생의 비밀을 알려 주면서 갈매기로서 나는 법을 배워야 한다고 말합니다. 하지만 새끼 갈매기는 자신이 왜 날아야 하느냐고, 자기는 고양이로 살고 싶다고 말합니다. 그러자 소르바스는 이렇게 말합니다.

"넌 갈매기란다. (…) 네가 고양이가 되고 싶다고 했을 때, 우리들 중 그 어느 누구도 반박하지 않았지. (…) 그러나 너는 우리와는 달라. 하지만 네가 우리와 다르다는 사실이 우리를 기쁘게도 하지. (…) 우리들은 네게 많은 애정을 쏟으며 돌봐 왔어. 그렇지만 너를 고양이처럼 만든다는 생각은 추호도 없었단다. 우리들은 그냥 너를 사랑하는 거야. (…) 우린 우리와는 다른 존재를 사랑하고 존중하며 아낄 수 있다는 사실을 배웠지. (…) 너는 하늘을 날아야 해. 아포르뚜나다, 네가 날 수 있을 때 너는 진정한 행복을 느낄 수 있을 거야."

이 말을 듣고 아포르뚜나다는 나는 법을 열심히 배워서 고양이 무리를 떠나 야생으로 돌아갑니다. 많은 것을 생각하게 해 주는 이야기입니다. 자신과 전혀 다른 존재와도 깊은 유대를 맺을 수 있다는 것, 하지만 그렇게 온전히 하나가 되었다고 느껴도 결국 자신의 고유한 정체를 깨닫고 자기만의 외로운 길을 향해 나아가야 한

 주니어 대학

다는 것, 그리고 그 발돋움에 타인의 애정 어린 도움이 필요하다
는 것······.

인간은 자신이 누구인지를 질문하는 동물입니다. '정체성'이라
고 하지요. 사춘기 때 본격적으로 자기 정체성에 대한 고민이 시
작됩니다. 내가 무엇을 좋아하는지, 무슨 능력과 소질을 갖고 있는
지, 어디에 소속되어 있는지, 장차 어떤 어른이 되어 무엇을 하면
서 살 것인지 등에 대해 여러 가지 생각을 하게 되는 것이죠. 그것
은 나 혼자만의 고독한 여행입니다. 많은 것이 불확실해지는 세상
에서 그 여행을 떠난다는 것은 두려운 일입니다. 잘 나가다가 갑자
기 앞이 캄캄해지기도 하고, 느닷없이 낭떠러지를 만날 수도 있거
든요.

그러나 인간은 다른 동물과 달리 문화라는 공동의 자산을 갖
고 있습니다. 오래 세월 동안 축적해 온 지식과 지혜, 여러 가지 도
구와 건축물 등이 그것입니다. 그런 보물 상자 덕분에 우리는 시행
착오를 줄이면서 생활의 편의를 높일 수 있었습니다. 문화와 함께
우리에게 주어진 또 하나의 선물은 사회입니다. 인간은 그 어느
동물보다도 타인과의 유대가 긴밀하여 그 속에서 자신의 삶을 안
정적으로 영위할 수 있습니다. 그러한 관계 맺기 능력 덕분에 인류
가 문명의 도약을 이룰 수 있었습니다.

그런데 이상한 일이지요? 지금 인류는 그 능력을 제대로 발휘하

 주니어 대학

지 못하는 듯합니다. 그래서 많은 것을 소유하면서도 불행해합니다. 아니 그 어느 동물보다도 많은 고통을 겪으며 살아가는 듯합니다. 집단들 사이의 세력 다툼이 격렬해지고, 때로 끔찍한 전쟁으로 이어집니다. 집단 안에서 거대한 권력이 개인을 억압하고, 돈의 힘이 커지면서 불평등이 심해집니다. 또한 개인과 개인 사이에 갈등이 끊이지 않고, 가까운 관계 속에서도 종종 학대가 일어납니다. 그것도 모자라서 자기 자신을 미워하고 들볶습니다.

그러나 비관만 할 필요는 없습니다. 인간에게는 그 어느 동물도 알지 못하는 기쁨의 에너지가 있거든요. 우선 우리처럼 신 나게 놀 수 있는 동물이 없지 않나요? 놀이는 그냥 심심풀이가 아닙니다. 그것은 새로운 경험과 생각과 느낌을 빚어내는 창조의 활동이기도 합니다. 놀이와 밀접하게 연결된 것이 예술입니다. 예술이 보여 주는 환상은 우리에게 색다른 즐거움을 선사합니다. 그리고 우리는 예술을 통해 현실을 달리 보기도 합니다. 예술 이외에도 인간이 누리는 기쁨은 많습니다. 다른 사람들과 사귀면서 맛보는 즐거움은 인간에게만 주어진 특권입니다.

문화는 인간을 불행하게도 하고 행복하게도 합니다. 여러분은 한국에서 태어나 살고 있는 것에 대해서 어떻게 생각하나요? 지금 이 사회는 여러분의 성장에 디딤돌인가요, 아니면 걸림돌인가요? 둘 다 있을 것입니다. 그렇다면 걸림돌은 치워 내면서 디딤돌을 튼튼하게 다져야 하겠지요. 그것은 혼자만의 힘으로는 어렵습니다. 어떤 세상을 살고 싶은지 그 꿈을 나누는 사람들이 손을 잡을 때 세상은 조금씩 좋아집니다. 그 속에서 여러분은 자기가 누구인지를 알게 될 것입니다. 그리고 자기의 멋진 삶을 창조해 갈 수 있을 것입니다.

2부

문화 인류학의
거장들

01

레비스트로스: 원시인은 우리와 정말로 다른가?

벽화 구경에서

아마존 탐사까지

2008년 11월 28일 프랑스의 사르코지 대통령의 하루 일과에는 색다른 순서가 들어가 있었습니다. 프랑스를 대표하는 사상가 가운데 한 명인 레비스트로스의 집을 방문하는 것이었습니다. 그날은 이분의 100회 생일이었어요.(그리고 1년 후에 돌아가셨어요.) 정부는 이날을 기념하여 전시회와 학술 발표회를 열었고, 방송국에서는 열두 시간짜리 특별 프로그램을 내보냈습니다.

거동이 불편해 행사에 참석하지 못한 레비스트로스를 위해 대통령 부부는 집으로 몸소 찾아와 "온 국민을 대신해 당신에게 경의를 표하러 왔습니다."라고 말했습니다. 한 나라의 최고 권력자가 한 학자의 탄생일을 맞아 몸소 찾아와 축하하는 일은 매우 드물지요. 프랑스가 학문과 문화를 얼마나 소중하게 여기는가를 짐작할 수 있겠습니다.

레비스트로스의 100회 생일과 1년 후의 서거는 프랑스만이 아니라, 전 세계적으로 뉴스가 되었습니다. 도대체 그 할아버지가 누구였기에 그렇게 온 세상이 떠들썩했을까요?

그분은 문화 인류학의 역사를 쓸 때 절대로 빼놓을 수 없을 만큼 굵직한 업적을 남겼습니다. 그 사상의 폭과 깊이가 엄청나서, 문화 인류학을 넘어 사상 전반에 커다란 영향을 끼쳤습니다. 그가 남긴 저술은 20세기의 고전으로 굳건하게 자리 잡았습니다. 그렇듯 위대한 지성은 어떻게 탄생했을까요?

레비스트로스는 1908년 벨기에 브뤼셀에서 태어났어요. 아버지는 유대계 프랑스인이었죠. 레비스트로스가 생후 2개월 때 가족은 프랑스로 건너와 살았어요. 어린 시절에 산과 들을 돌아다니면서 지질과 식물에 깊은 흥미를 갖기 시작했다고 해요.

아버지가 화가여서 일찍부터 많은 그림에 둘러싸여 살았고, 할아버지가 유대교 성당을 관리하는 일을 했던지라 다양한 벽화, 성화, 명화 등을 접할 수 있었습니다. 이러한 경험은 훗날 부족 사회를 연구할 때 신체 장식, 조각 문양 등을 이해하고 분석하는 데 큰 도움이 되었습니다.

주니어 대학

레비스트로스는 고등학교를 졸업하고 소르본 대학교 법학과에 진학했지만, 전공에 얽매이지 않고 심리학, 철학, 정신 분석 등을 폭넓게 공부했습니다. 졸업 후에는 전국의 수재들이 모여 지적 능력을 검증받는 철학 교수 자격 시험에 23세 최연소자로 합격했습니다.

그 뒤에 어느 중고등학교에서 근무하다가 27세에 브라질 상파울로 대학교 사회학 교수직을 제안받게 됩니다. 바로 이것이 그분의 인생에 중대한 전환점이 되었어요. 4년 동안 그 대학교에서 가르치면서, 주말과 방학을 이용해 아마존 강 유역의 원주민 사회를 답사할 수 있는 기회가 생긴 것입니다.

이것은 애당초 계획에는 들어 있지 않은 일이었지만, 그 경험을 계기로 레비스트로스는 문화 인류학자로 변신할 수 있었습니다. 당시에 현지 조사를 했던 네 원주민 부족에 관한 내용을 중심으로 펴낸 책 『슬픈 열대』는 그의 명성을 세계에 알린 저작이었습니다.

상파울로 대학교에서 강의를 하던 중 2차 세계 대전이 발발하자, 레비스트로스는 영어 통역 장교로 잠시 근무를 하게 되었습니다. 그러다가 히틀러가 프랑스를 점령하자 유대 인이었던 그는 미국으로 탈출하여 그곳에서 8년을 머물게 됩니다.

이때 그렇게 미국으로 건너온 유럽의 지식인은 엄청나게 많았습니다. 아인슈타인도 그 가운데 한 명이었고요. 역설적이게도 히틀러 덕분에 미국은 가만히 앉아서 당대 최고의 두뇌들을 맞아들일 수 있었던 셈이지요.

지금도 미국이 강대국의 지위를 유지할 수 있는 것은 세계 각국에서 뛰어난 인재들이 모여들어 자기들끼리 에너지를 주고받으면서 창조적인 작업을 해내기 때문인데요, 사람이 사람을 끌어들인다고도 볼 수 있습니다. 그렇게 매력적인 연구 공간은 2차 세계대전 때 유럽의 지식인들이 대거 이주해 오면서부터 형성되었다고 볼 수 있어요.

레비스트로스는 록펠러 재단이 마련한 연구소에 머물면서 미국의 저명한 문화 인류학자들과 교류할 수 있었습니다. 그것은 브라질에서의 현지 조사와 함께 그의 학문 세계의 중요한 밑거름이 되었습니다.

레비스트로스는 자신처럼 나치즘을 피해 미국으로 온 야콥슨이라는 언어학자와 함께 공부하면서, '구조주의 문화 인류학'의 뼈대를 세울 수 있었습니다. 그 만남은 그의 학문적 여정에서 매우 중요한 의미를 갖습니다. 원래 구조주의는 언어학에서 먼저 수립되고 있었던 이론이었거든요.

어떤가요? 레비스트로스는 운이 참 좋았던 분이지요? 예술적인 영감이 풍부했고 자연에 대한 관찰이 가능했던 환경 속에서

주니어 대학

성장할 수 있었어요. 브라질에서 우연히 아마존 사회의 현지 조사 기회가 주어졌고요. 그리고 독재자 히틀러를 피해 미국으로 피신했을 때 거기에서 뛰어난 학자들과 만나 교류할 수 있었지요. 이 모든 것이 그에게는 커다란 축복이었다고 할 수 있습니다.

그러나 레비스트로스 자신이 다방면에 걸친 호기심을 가지고 낯선 세계를 향해 마음의 문을 열어젖히는 용기가 없었다면, 그런 기회들은 결코 선물이 되지 못했을 것입니다.

구조주의,

요소들 사이의
관계 찾기

그렇다면 레비스트로스가 주장했던 '구조주의'
는 무엇일까요? 말만 들어도 너무 어려운 내용일 것 같지요? 정말
로 그래요. 그의 저서가 여러 권 있는데, 문화 인류학이나 철학을
오래 공부한 사람들도 읽기가 버겁거든요. 그러나 그 기본은 그다
지 어렵지 않습니다. 그리고 그 핵심을 잘 파악하면, 여러분은 새
로운 눈으로 세상의 많은 것을 이해할 수 있을 것입니다. 최대한
쉽게 설명해 보겠습니다.

'구조'라는 말은 생소하지 않을 겁니다. 생활 속에서 흔히 쓰니
까요. 예를 들어 건축물이 떠오를 것입니다. 그리고 인간이 만들
어 낸 모든 기계도 저마다 구조를 지니고 있습니다. 그런가 하면

하늘에서 내리는 눈(雪)에도 일정한 결정체가 있고, 그보다 훨씬 작은 분자나 원자에도 그 나름의 형태들이 있습니다. 그 모든 것을 구조라고 할 수 있습니다. 그렇다면 구조란 무엇일까요? 그 핵심은 한마디로 '요소들 사이의 관계'라고 할 수 있습니다.

자동차에서 바퀴와 엔진과 기어는 필수적인 부품들입니다. 그 어느 것 하나라도 빠지면 자동차가 아니지요. 하지만 그 부품들을 아무렇게나 조립한다면 결코 자동차 구실을 하지 못합니다. 그 각각의 재질과 성능이 아무리 뛰어나도, 서로서로가 정확한 관계로 맺어지지 않으면 움직이지 않거나 자칫 큰 사고를 낼 수가 있습니다.

건축물도 마찬가지지요. 설계가 잘못되어 허약한 구조물이 되었다면, 아무리 좋은 건축 재료를 사용했다 해도 붕괴의 위험이 있습니다. 이제 구조가 무엇인지 알겠지요? 그것은 한마디로 '각 요소들이 서로 엮이고 맞물리는 관계'라고 말할 수 있습니다.

그런데 구조는 물질뿐만 아니라 눈에 보이지 않는 것들에도 깃들어 있습니다. 간단한 예를 들어 보겠습니다. 교실에서 수업을 하는데, 어디선가 누가 손으로 책상을 한 번 탁 치는 소리가 들렸다 칩시다. 선생님이나 학생들은 그 소리에 그다지 신경을 쓰지 않을 것입니다. 누군가가 움직이다가 뭘 잘못 건드렸을 것이라고 짐작하기 때문입니다. 그런데 똑같은 소리가 "쾅 쾅 쾅 쾅" 이어진다면 어떨까요? 모두가 눈길을 모으면서 누가 왜 소리를 내는지 알아내려고 합니다. 잘 생각해 봅시다. 소리는 똑같았습니다. 한 번 났다는 것과 연달아 났다는 것이 다를 뿐입니다. 그런데 왜 연달아 날 때만 신경이 쓰이고 귀가 솔깃할까요? 그 소리들 사이에 관계가 생겼기 때문입니다.

음악도 마찬가지지요. 여러 음계들이 모여서 화음과 멜로디를 이룹니다. 각 음정이라는 요소들 사이의 관계를 어떻게 짓는가가 작곡의 핵심이지요. 그러니까 아무리 멋진 음악이라 해도 스무 군데 정도를 0.5초씩 잘라 낸 다음 아무렇게나 뒤섞어 듣는다면, 그것은 완전히 소음에 불과합니다. 마찬가지로 세계 최고의 바이올린이라 할지라도, 되는 대로 현을 켠다면 아름다움을 느낄 수 없지요.

구조주의가 언어학에서 나왔다고 했는데, 언어야말로 정말로 훌륭한 구조물입니다. 우리가 다른 사람들의 말을 들을 때, 그 의미를 어떻게 파악하나요? 우선 발음을 살펴봅시다. '비가 흐른다.'라는 말과 '피가 흐른다.'라는 말은 조금만 잘못 발음하면 헷갈릴 수 있습니다. 'ㅂ'과 'ㅍ'은 매우 비슷한 음이기 때문입니다. 한국어에서는 그 둘을 명확하게 구분합니다. 영어에서도 b와 p가 그렇지요. 우리가 '비'와 '피'를 구별하는 것은, 두 자음 사이의 차이 때문입니다. 각 언어의 발음 체계는 그러한 차이들로 구성되어 있습니

다. 그것이 바로 구조입니다.

구조주의는 세상을 이렇게 바라봅니다. 겉으로 드러난 것 뒤에 어떤 원리가 숨어 있다고요. 이러한 생각은 살아가는 데 도움이 될 때가 많아요. 눈에 보이지 않는 그 원리를 찾아내면 많은 것을 설명해 낼 수가 있으니까요.

레비스트로스는 신화를 분석하는 데도 구조의 잣대를 들이댔어요. 그래서 이야기 속에 등장하는 여러 주인공이나 사물과 사건들이 서로 어떤 식으로 관련을 맺고 있는지를 파악하면서 신화의 의미를 뽑아냈습니다.

레비스트로스가 유난히 그런 쪽에 관심을 많이 갖게 된 것은, 유년 시절 산과 들에서 지층을 유심히 관찰하면서 생겨났다고 합니다. 지층은 수천만 년 이상 동안 땅이 겪어 온 변화를 여러 가지 모양으로 알려 주지요. 그냥 땅의 표면만 볼 때는 알 수 없는 시간의 흔적들을 바라보면서, 어린 레비스트로스는 '숨어 있는 원리'에 대한 호기심을 키운 것입니다.

 주니어 대학

사라지는
부족 사회에 대한

슬픔

그런데 문화 인류학에서 숨은 구조를 밝히는 것이 뭐가 그렇게 중요할까요? 레비스트로스는 그 구조를 깊이 파헤치면서, 인류의 다양한 문화가 모두 자기 나름의 가치를 지니고 있음을 보여 주었습니다. 우리가 흔히 원시적이라느니 미개하다느니 하면서 깔보는 사회의 사람들의 생각이 서구의 문명사회에 비해 열등한 것이 아니라는 것이죠.

미개 사회는 미개인에서 온 말이고, 그것은 '바바리안(barbarian)' 또는 '새비지(savage)'를 번역한 말인데요, 고대 그리스에서 '바바리안(barbarian)'은 그리스 말을 하지 못하는 이방인을 가리키는 단어로, 자기들보다 못났다고 깎아내리는 말이었습니다.

그 이후에 유럽에서는 '아직 문명화되지 않은 사람들'을 의미하는 말이 되었고 그것을 일본인들이 '미개(未開)'라는 한자어를 만들어 번역한 것입니다. '아직 열리지 않았다.'는 뜻이지요. 영어와 마찬가지로 무지몽매한 상태에 머물러 있다는 이미지를 담고 있습니다. 그래서 만일 누군가가 내게 '너 미개인처럼 생겼다.'라고 말하면 화가 날 것입니다.

미개인 또는 원시인이라고 하면 여러 가지 모습이 떠오릅니다. 더럽고 무식하고 폭력적인 사람들로 여겨집니다. 입술에 구멍을 내어 이상한 장식을 하는 등 도대체 이해할 수 없는 풍습도 떠오르고요. 실제로 비인간적이고 말도 안 되는 일들이 종종 벌어지는 것은 사실입니다.

하지만 그들의 눈에 우리는 어떻게 비칠까요? 생명의 위험을 무릅쓰고 성형 수술을 한다거나, 청소년들이 밤늦게까지 학원에서 공부한다거나, 매일 출퇴근하느라 빽빽한 전철에 몸을 싣는 모습 역시 꽤나 기이하지 않을까요?

'미개 사회'와 '문명사회' 양쪽 모두 사람들이 사는 곳인 만큼, 좋은 면 나쁜 면이 다 있습니다. 따라서 우리를 중심으로 그쪽 사회와 사람들을 얕잡아 보는 말은 삼가야겠지요. 그리고 '미개 사회'라는 표현도 다른 것으로 대체하면 어떨까요?

레비스트로스는 '소규모 무문자 사회'란 말을 제안합니다. 집단

의 크기가 작고 문자를 갖지 않은 사회라는 뜻입니다. 여기에는 좋다 나쁘다는 판단이 들어가 있지 않아요. 이 개념이 '미개 사회' 보다 객관적이라고 할 수 있겠네요.

레비스트로스가 굳이 미개 사회라는 말을 피하는 이유는 거기에 깔려 있는 우열 관념을 지우기 위해서입니다. 그는 모든 사회를 움직이는 사고방식에 저마다 일관된 틀이 있다는 점을 밝혀냅니다. 사람들이 겪는 여러 가지 문제들을 풀어 갈 때 저마다 해결의 모형이 있다는 것입니다. 그의 저서 『야생의 사고』라는 책은 문명 사회와 원시 사회에서 사람들이 생각하는 틀이 어떻게 다른지를 상세하게 보여 주고 있습니다. 여러분에게는 너무 어려우니까 나중에 공부를 좀 더 많이 하고 그 주제에 관심이 생기면 찾아서 읽어 보기 바랍니다.

서구 사회가 비서구 사회보다 우월한 것이 아니라고 강하게 주장한 것은 그의 첫 저서 『슬픈 열대』에서입니다. 제목만 들으면 무슨 문학 작품 같지요? 아닌 게 아니라 이 책은 매우 아름다운 문장들로 쓰여 있습니다. 세계적인 학자가 쓴 20세기의 고전이니까 매우 전문적이고 어려울 것이라는 생각이 들겠지만 전부가 그렇지는 않습니다. 이 책은 여행기나 일기처럼 담담하게 자기의 경험과 느낌과 생각을 풀어 가고 있어요. 그러다가 어느 대목에서는 아주 학문적으로 자세하게 분석을 합니다.

사실 우리가 이름을 알고 있는 동서양의 위대한 사상가들의 책들 가운데는 이처럼 자유로운 글쓰기로 되어 있는 것들이 상당히 많아요.

레비스트로스가 아마존 유역의 부족 사회들에서 목격한 인간의 삶은, 서구 사회가 경제 발전 과정에서 많이 잃어버린 가치들을 소중하게 간직하고 있었어요. 재산을 좀 더 가졌다고 다른 사람들을 업신여기지 않고, 서로가 서로를 존중하면서 위엄을 지켜주며, 노동에서 즐거움을 누리고, 자연과 조화를 이루며 사는 것 등을 말합니다. 그것이 어떻게 가능했을까요? 작은 공동체를 이루어 생활하는 것도 그 한 가지 요인이라고 할 수 있습니다.

그런데 레비스트로스가 아마존 부족들을 방문했을 때 그 사회들은 이미 서구 문명의 영향 속에서 본래의 모습이 뒤틀리고 부서지기 시작한 상태였습니다. '슬픈 열대'라는 제목은 바로 그런 모습에 대한 서글픔을 담은 것입니다. 그러한 왜곡과 파괴는 그 뒤로 계속 이어졌고, 지금도 진행 중입니다. 레비스트로스는 『슬픈 열대』의 끝 부분에서 이렇게 말합니다. '세계는 인간 없이 시작되었고, 인간 없이 끝날 것이다.'

02

루스 베네딕트: 국민성은 어떻게 만들어지는가?

문화가
빚어내는

개인의
성격

예전에 일본에서 떠돌았던 유머 가운데 이런 것
이 있습니다. 어떠어떠한 이유로 갑자기 코끼리가 지구촌의 중요
한 관심사로 떠오르게 되었습니다. 이에 선진 7개국(G7) 정상들은
코끼리 문제에 대처하기로 합의하고, 각 나라별로 한 가지 주제를
정해서 연구해 오기로 했답니다.

가장 먼저 미국이 보고서를 제출했는데 제목은 '코끼리로 돈 버
는 법'이었대요. 20세기 자본주의를 이끌어 온 나라답지요. 그다
음으로 제출된 이탈리아 보고서의 제목은 '코끼리와 연애하는 법'
이었다고 합니다. 자유분방한 기질이 잘 드러납니다. 그다음으로
독일이었는데, '코끼리에 대한 고찰'이라는 제목이었습니다. '고찰'

이란 '어떤 연구 대상을 깊이 생각하고 살피며 따져본다.'는 뜻으로, 심각한 철학적 사색을 좋아하는 독일인들의 성향을 빗대어 말한 것입니다. 마지막으로 보고서를 제출한 나라는 일본이었답니다. 제목이 무엇이었을까요? '코끼리는 일본인을 어떻게 보는가?'였다고 합니다. 타인의 시선에 민감한 일본인의 마음을 나타내고 있습니다.

'국민성'이라는 말을 가끔 듣지요. '어느 나라 사람들은 대개 이러이러하다.'라면서 특징을 말하는 것입니다. 개인들 사이에 차이가 분명히 있을 텐데도 그보다는 그 국민들이 갖고 있다고 여겨지는 공통점을 짚어 냅니다. 그것은 전문가가 애써서 찾아내지 않아도 누구나 이방인을 만나면서 쉽게 느낄 수 있습니다.

외국을 방문하거나 한국에 와 있는 외국인을 접할 때, 출신 국가에 따라 마음씨나 생각 그리고 행동이 많이 다르다는 것을 금방 알아차리게 됩니다. 물론 외국인이 보기에도 한국인들만의 색다른 면이 있겠지요. 그렇다면 그런 집단적 특징은 왜 생겨나는 것일까요?

문화 인류학에서 이 주제를 다룰 때 중요하게 등장하는 학자가 있습니다. 루스 베네딕트입니다. 1887년에 태어나 1948년에 생을 마감했으니까 요즘 기준으로 보면 그렇게 오래 산 것은 아닙니다. 하지만 그녀가 문화 인류학에 끼친 영향은 매우 큽니다.

대표 저서 가운데 하나인 『문화의 패턴』은 국민성 같은 집단적 특징을 분석할 때 도움을 줍니다. 패턴(pattern)이라는 단어는 여러 가지 뜻이 담겨 있는데, 한국어로는 무늬, 형태, 유형, 양식, 경향, 본보기 등으로 번역됩니다. 번역하지 않고 그냥 외래어로 사용할 때도 많고요.

이 책에서는 아메리카 인디언 부족 등을 사례로 문화의 세 가지 패턴을 보여 주고 있습니다. 첫째는 '아폴로형'인데, 매우 온화하고 부드러우며 질서를 존중합니다. 감정을 억제하고 경쟁을 피하면서 원만하게 중립을 지키는 생활 태도를 갖고 있는 것이지요. 뉴멕시코의 주니 족이 여기에 해당한다고 합니다.

두 번째는 '디오니소스형'인데, 정열적이고 과대망상에 잘 빠지며 흥분을 잘하고 황홀경에 종종 사로잡힙니다. 매우 거칠고 싸움을 좋아하며 타인보다 우월한 위치에 서는 것을 최고의 미덕으로 삼습니다. 평원의 인디언이나 서부 해안의 콰키우틀 족이 여기에 해당한다고 합니다.

마지막으로 '파라노이아형'인데요, 파라노이아는 편집증을 가리키는 용어입니다. 이 유형은 적대감을 조장하는 제도가 발달했고, 겉으로 우정이나 협력 관계를 드러내지만 언제 배신으로 돌변할지 모르기 때문에 경계심과 의구심이 가득합니다. 동부 뉴기니의 도부 섬 주민들이 그렇다고 합니다.

외국어
발음이

어려운 이유

한국인은 이 세 가지 유형 가운데 어디에 가장 가까울까요? 그리고 여러분 자신은요? 답을 하기가 쉽지 않을 것입니다. 개인이나 집단의 특징을 그렇게 단순하게 나눌 수 있는 것은 아니지요.

루스 베네딕트도 그런 기계적 분류를 의도한 것은 아니었어요. 그녀의 관심은 몇 가지 유형을 모델로 해서, 각 사회가 어떻게 자기 나름의 문화의 유형을 만들어 가는가를 살펴보는 데 있었습니다. 그리고 그 속에서 사람들의 성격이 어떻게 형성되는가를 탐구했습니다.

'문화'와 '성격' 사이의 관계는 흥미로운 주제입니다. 여러분은 자

 주니어 대학

신의 성격에 대해 어떻게 생각하나요? 그 성격은 타고난 것이기도 하지만 자라나면서 만들어진 부분도 매우 큽니다. 따라서 살아가면서 변할 수도 있지요.

문화와 성격에 관한 베네딕트의 생각을 들어 봅시다. 그녀는 지금 드러나 있는 것 말고 드러나지 않는 부분까지 상상을 합니다. 그러면서 그 모두를 아우르는 전체를 커다란 원호(圓弧)로 비유합니다. 원호의 생김새는 활을 당겼을 때 나타나는 모양이나 축구 경기장에 그려져 있는 페널티아크를 떠올리면 됩니다. 베네딕트는 인간이 지닌 모든 잠재력이나 숨겨진 성향을 원호의 이미지에 빗대어 생각합니다.

어떤 사회도 원호의 전체, 즉 인간의 가능성 전부를 모조리 드러내도록 허용하지 않습니다. 특정한 부분만을 바람직한 것으로 장려하고 나머지는 억제하는 것이지요. 말이 좀 어렵지요? 이렇게 설명해 볼게요. 언어를 예로 들면 아주 쉽습니다. 언어에 따라서 발음들 사이의 어떤 차이가 중요하게 여겨지기도 하고 정반대로 무시되기도 합니다.

그 때문에 벌어지는 일 하나를 소개할게요. 일본이나 몽골에서 온 외국인들이 고속버스 터미널에서 전주행 티켓을 달라고 하면 판매원이 청주행 티켓을 주는 바람에 엉뚱한 곳에 가는 경우가 종종 있습니다. 왜 그런 일이 일어날까요? "천주 가는 버스표 주세요.”라고 말을 하기 때문입니다. 판매원은 그것을 ‘청주’로 알아듣는 것입니다.

왜 ‘천주’라고 발음을 할까요? 일본어나 몽골어에서는 ‘ㅈ’과 ‘ㅊ’, 그리고 ‘ㄴ’과 ‘ㅇ’을 우리만큼 엄격하게 구별하지 않기 때문입니다. 다시 말해 언어의 발음 구조가 다르기 때문입니다. 우리가 외국어를 배울 때 발음 때문에 고생하는 까닭도 바로 이것입니다. 그것은 문화권에 따라서 두뇌나 구강 구조가 다른 탓일까요? 그렇지 않습니다. 어릴 때부터 그 언어권에서 자란 경우 그 부모와 달리 아무런 문제없이 그 소리들을 분간하고 발성할 수 있으니까요.

아기들이 옹알이하는 것을 들어 보았지요? 옹알이는 아직 언어가 아닙니다. 그런데 아기 입에서 나오는 소리는 인간이 낼 수 있는 모든 소리의 원형이라고 볼 수 있습니다. 말하자면 발음의 원호를 전부 다 드러내다시피 하고 있는 것이지요. 그래서 아기들의 경우 말은 못하지만 어른들이 내기 어려운 온갖 소리를 자유롭게 만들어 냅니다.

그런데 아기가 자라나면서 그 가운데 일부 발음들만이 선택됩니다. 즉 어른들에게 말을 배우면서 어떤 발음들은 격려되는 반면, 나머지 발음들은 자연히 퇴화하는 것입니다. 나이가 들어서 외국어를 배우면 아무리 유창해져도 발음이 어색한 것은 바로 그 때문이에요.

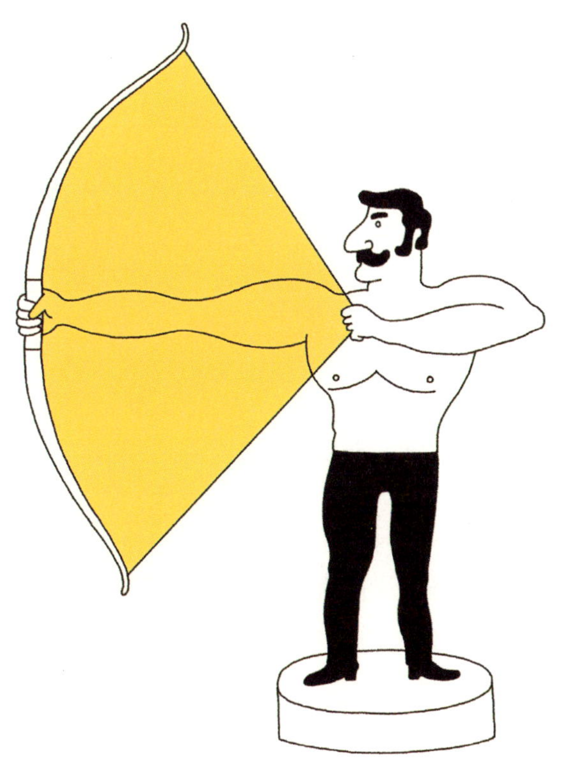

문화도 언어와 비슷해요. 인간이 타고나는 욕망이나 성격이나 재능 전체를 원호라고 합시다. 그 모두를 마음대로 드러내도 되는 사회는 없지요. 그렇게 했다가는 걷잡을 수 없는 세상이 되고 말 테니까요. 어떤 부분은 부추겨지고 다른 부분은 억눌립니다. 어른들이 아이를 키우면서 칭찬하고 꾸지람하는 과정에서 그것이 이뤄집니다.

양육이라는 것은 아이의 성품과 생각과 몸가짐을 사회가 요구하는 틀에 맞춰 가는 것이라고 할 수 있지요. 그것이 제대로 이뤄지지 못하면, 버르장머리 없는 아이라고 손가락질을 받습니다.

그런데 그 기준은 절대적이지 않지요. 똑같은 행동이라 해도 어떤 사회에서는 박수를 받는가 하면, 어떤 사회에서는 비난과 경멸의 대상이 될 수 있습니다.

위에서 베네딕트가 분류한 세 가지 문화 유형을 소개했는데, 선천적으로 좀 과격한 사람이 아폴로형 문화권에 태어났다면, 너무 튀고 극단적이라는 이유로 따돌림당하기 쉽습니다. 하지만 디오니소스형 문화권에서는 인기를 누릴 수 있습니다.

이런 이치를 여러분 자신에게도 적용해 볼 수 있습니다. 만일 여러분이 다른 시대나 다른 나라에 태어나서 살았다면, 지금보다 더 행복할 수도 있고 불행할 수도 있어요. 자기에게 잘 맞는 사회가 있고, 너무나 맞지 않는 사회가 있지요. 지금 한국은 여러분에

 주니어 대학

게 잘 맞나요?

베네딕트가 밝혀내고자 했던 것은 각 사회가 인간의 폭넓은 가능성 가운데 어떤 요소들을 선택해서 배합하는가 하는 것이었습니다. 그렇게 골라내고 묶어 내는 방식에 따라 문화의 유형이 정해진다고 볼 수 있습니다. 물론 그것은 바뀔 수 있습니다. 그러나 시간이 오래 걸리지요. 그리고 혼자서 또는 몇몇 사람이 마음을 먹는다고 쉽게 바꿀 수 있는 것이 아닙니다. 문화의 틀은 매우 크고 튼튼하거든요.

우리의 생각과 감정과 행동은 자신도 모르게 그 모델에 맞춰서 형성되어 왔습니다. 하지만 문화와 성격이 완전히 일치하지는 않아요. 그래서 그 문화권에서 자라났다 해도 자신과 맞지 않는 문화가 많이 있는 것이지요.

일본인의
두 얼굴을 보는

안경

문화가 사람의 성품을 얼마나 좌우하는가를 보여 주는 책이 루스 베네딕트의 또 다른 대표 저서 『국화와 칼』입니다. 일본인의 사회적 성격을 분석한 이 책은 1946년 출간되어 전 세계에서 꾸준하게 팔리고 있습니다.

지금까지 일본의 문화에 대해 엄청난 책들이 나왔지만, 『국화와 칼』의 가치는 여전히 인정받고 있어요. 그만큼 일본의 문화를 날카롭게 파헤친 것이지요. 그런데 놀라운 사실이 하나 있습니다. 베네딕트는 단 한 번도 일본에 가 본 일이 없다는 것입니다.

문화 인류학에서 현지 조사는 필수라던데, 어찌된 일일까요? 일본에 가지 않은 것이 아니라, 가지 못했습니다. 그녀가 연구에 착

수했을 때는 2차 세계 대전이 한창이었고, 미국과 일본은 처참하게 싸우고 있었기 때문입니다. 그런데 바로 그것이 이 책이 나오게 된 배경입니다.

미군은 적국인 일본을 이해할 필요를 절실하게 느끼게 되었습니다. 그래서 미 국부부는 1944년 당시 국민성 분야에서 명성이 높았던 베네딕트에게 연구를 부탁했습니다. 그녀는 일본에 갈 수가 없었기 때문에 다른 자료들을 구했습니다. 일본의 소설과 영화를 모아다가 분석했고, 강제 수용소(일본이 하와이 진주만을 습격하자 미국에 살고 있는 일본인들을 모두 한곳에 수용했습니다.)에 수감되어 있던 일본인과 전쟁터에서 포로로 잡혀 온 일본인 병사들을 인터뷰했습니다.

미군은 왜 일본을 연구해야겠다는 결정을 내렸을까요? 막강한 무기와 군대를 지니고 있던 미국은 일본을 굴복시키기가 너무 어려웠는데, 그 원인이 일본인의 정신에 있다고 보았기 때문입니다. 당시 유럽과 미국에서는 자기 부대의 30~40퍼센트 정도가 죽거나 다치면 적군에게 항복하는 것이 허용되었습니다. 어차피 패배할 것이라면 더 이상의 인명 손실이라도 줄여야 하니까요.

그런데 일본의 군대는 달랐어요. 최후의 한 사람까지 철저하게 저항하는 것이 보통이었습니다. 일본에서는 그것을 '옥쇄(玉碎)'라고 불렀는데, 옥처럼 아름답게 부서진다는 뜻입니다. 국가를 위해 자기 몸을 산산조각 내는 것을 미화하기 위해 붙여진 이름이랍니다. 그렇듯 전혀 몸을 사리지 않는 일본군은 미군에게 공포의 대상이었습니다.

그런데 미군은 일본군에게서 그에 못지않게 이해하기 어려운 모습을 또 한 가지 보게 되었어요. 그렇게 맹렬하게 저항하다가도 일단 포로가 되고 나면 태도가 정반대로 바뀌어서 너무 온순해지는 거예요. 명령에 고분고분 따르니까 다루기가 쉽지요. 군사 기밀을 털어놓으라고 하면 스스럼없이 꺼내 놓고, 미군 폭격기에 동승해서 일본군의 비밀 시설을 친절하게 안내해 주기도 했습니다.

도대체 천황에 대한 충성심은 어디로 간 걸까요? 포로가 되었을 때 어떻게 처신해야 하는가에 대해서 일본군이 교육을 받지 못했다는 사실이 지적되었지만, 그것만으로는 충분한 설명이 되지 못합니다.

베네딕트는 그러한 일본인의 이중성을 '창피함'이라는 말로 풀어냅니다. 창피함이란 무엇인가요? 그 기준은 다른 사람들입니다. 남들이 나를 어떻게 보는가가 핵심입니다.

다른 동물과 달리 인간은 타인의 시선에 매우 민감합니다. '창피해 죽겠다.'는 말이 있지만, 실제로 수치심이 지나치면 자살을 합니다. 생명보다 중요한 것이 명예입니다. 그 명예심이 일본군에게 유난히 강했다고 베네딕트는 분석했습니다.(이 글 첫머리에서 소개

      주니어 대학

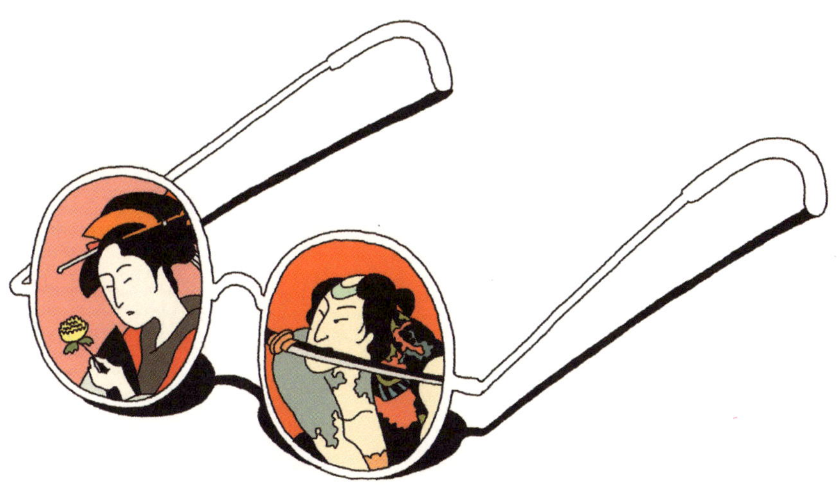

한 코끼리 유머에서, '코끼리는 일본인을 어떻게 보는가?'라는 보고서 주제도 그 점에서 일맥상통하지요.)

전쟁터에서 항복하는 것은 동료 병사들이 보기에 너무나 창피한 일이고, 살아서 고향으로 돌아간다 해도 손가락질 당할 것입니다. 그러느니 차라리 싸우다가 죽는 편을 선택하는 것이지요.

하지만 포로가 된 다음에는 사정이 다릅니다. 미군이 심문을 할 때 옆에 다른 동료가 있지 않습니다. 그리고 이제는 돌아갈 고향도 없습니다. 수용소에서 기대되는 것은 고분고분하고 협력적인 행동입니다. 지금 자기가 머물고 있는 집단의 요구에 따르는 것이 창피하지 않은 일이 됩니다. 이렇듯 '창피함'을 피하기 위해서 하는 행동은 상황에 따라서 바뀝니다. 기회주의적이라고 말해도 할 수 없습니다.

베네딕트는 일본인의 그러한 모습을 서양인과 대비시킵니다. 서양인을 움직이는 것은 '창피함'이 아니라 '죄책감'이라고 분석합니다. '죄책감'은 다른 사람이 자기를 어떻게 보는가에 상관없이 느끼는 감정입니다. 나의 모든 행위는 물론 마음속까지 늘 들여다보고 있는 신(神), 또는 나의 양심이 기준이 됩니다. 누가 보든 보지 않든, 어떤 절대적인 원칙에 비추어 나의 행동을 판단하는 것입니다. 윤동주 시에 나오는 '하늘을 우러러 한 점 부끄러움이 없기를'이라는 다짐이 바로 그러한 태도입니다.

 주니어 대학

일본을 '창피함의 문화'로 서양을 '죄의 문화'로 대비시킨 것은 명쾌하기는 하지만 문제도 많습니다. 국가별로 사람들의 행동이 똑같다는 식으로 싸잡아 설명하다 보면, 거기에 포함되지 않는 예외를 놓치게 되거든요.

그런 한계가 있기는 해도 베네딕트의 『국화와 칼』은 일본인에게 집단이 얼마나 중요한지, 그리고 '문화의 유형'이라는 것이 어떻게 사람들의 마음을 빚어내는지를 잘 보여 주고 있습니다. 이 책에서는 창피함 이외에도 여러 가지 말로 일본의 문화를 풀어내고 있습니다. 의리, 의무, 은혜, 은혜에 보답하는 것, 충, 효, 인정 등이 그것입니다.

우리는 지리적으로 일본과 가장 가까운 나라이고, 여러 가지 일로 일본인을 자주 접하게 됩니다. 상대방을 제대로 이해하는 것이 점점 중요해지는 시대에, 『국화와 칼』은 일본 문화에 대한 훌륭한 길잡이로 남아 있습니다.

3부

01

문화 인류학이
뭔가요?

　문화 인류학은 인간을 연구하는 학문입니다. 범위가 너무 넓지요? 인간에 대한 연구는 이미 여러 분야로 세분화되어 있거든요. 문화 인류학은 그 모든 것을 아우르는 학문일까요? 그렇지는 않습니다. 문화 인류학은 문명의 영향을 받지 않은 사회를 주로 연구해 왔습니다. 하지만 '오지 탐험' 같은 텔레비전 프로그램에서처럼 호기심을 채우기 위해서는 아닙니다. 『낯선 곳에서 나를 만나다』라는 문화 인류학 교재가 있어요. 이 제목처럼 공간적으로 멀리 떨어진 곳에서 우리와 전혀 다른 방식으로 살아가는 사람들의 모습을 통해서, 자신의 삶과 문화를 색다른 시선으로 들여다볼 수 있습니다.

　다른 한편으로 문화 인류학은 시간적으로 멀리 떨어진 옛날로 거슬러 올라가 인간 생활의 기나긴 변천 과정을 더듬습니다. 그를 통해 여러 문화의 뿌리와 갈래들을 찾아내고, 인류가 그동안 축적해 온 방대한 생존 경험에 비추어 오늘의 문명을 살펴봅니다. 예를 들어 현대인에게 비만이 많은 까닭은 무엇인가? 복장을 통해 다른 사람과 자신을 구별하려는 욕망은 어디에서 왔는가? 이런 질문들을 갖고 씨름을 합니다. 한마디로 말해 문화 인류학은 시간과 공간을 가로질러 다양한 문화를 비교하면서 인간과 사회의 속성을 알아내고, 인류의 현재와 미래를 진단하는 학문이라고 할 수 있습니다.

02

문화 인류학은
어떻게
시작되었나요?

유럽에서 문화 인류학이 처음 출현한 것은 탐험이나 정복의 과정에서 미지의 땅들을 접하게 되면서입니다. 이른바 미개한 사람들의 집단이지요. 당시에 유럽인들은 제국주의적이고 인종 차별적인 시선을 갖고 있었습니다. 그래서 유럽이 가장 문명화되었고 피부색이 검을수록 원시적인 상태에 있다는 관점으로 세계를 분류했습니다. 그들이 지니고 있는 낯선 풍습들을 기괴하고 야만적이라고 평가하면서, 서구의 우월성을 확인했습니다.

당시 학자들은 직접 가서 보고 들은 것이 아니라 여행가들이 수집해 온 단편적인 자료들에 의존했습니다. 그래서 '안락의자 인류학자'라고도 불립니다.

그러다가 20세기에 들어오면서 서구 우월주의적인 사상이 흔들립니다. 즉 사람이나 사회를 어떤 하나의 기준으로 등급을 매길 수 있는 것이 아니고, 그들이 제각각 처해 있는 환경이나 역사를 살펴보면서 문화를 해석해야 한다는 쪽으로 생각이 바뀌기 시작한 것입니다.

'문화 상대주의'라는 말을 들어 보았지요? 문화의 우열이 없고, 모두 제 나름의 가치가 있다는 생각입니다. 문화 인류학에서는 20세기에 들어와 문화 상대주의가 기본 입장으로 자리 잡습니다. 문화 인류학이 제국주의적인 뿌리를 갖고 있지만, 이제부터는 오히려 소수 민족을 가장 앞장서서 대변하는 입장에 서게 됩니다.

지금도 문화 인류학자들은 현지 조사를 하러 아마존 같은 오지로 많이 들어가나요?

20세기 중반까지만 해도 문화 인류학자들은 아주 멀고 낯선 땅을 찾아가는 것이 일반적이었습니다. 기후와 풍토가 맞지 않고 말도 통하지 않으며 생활 방식이 매우 다른 사회를 주로 연구했던 것이지요. 거기에서 관찰되는 삶의 모습이나 사회의 시스템이 인류의 변천 과정을 밝히는 데 중요한 단서가 되었습니다.

그런데 시간이 지나면서 문화 인류학의 연구 대상은 점점 다양해졌습니다. 거기에는 몇 가지 배경이 있었습니다. 우선 부족 사회가 급격하게 줄어들었습니다. 서구 문명의 힘이 세계 곳곳에 깊숙하게 뻗치면서, 오래전의 문화를 그대로 보존하고 있는 지역이 빠르게 사라져 간 것입니다. 다른 한편으로는 저개발 국가에서도 학자들이 나오기 시작했습니다. 그런 지역들을 서구 문화 인류학자들이 더 이상 독점하지 않게 된 것이지요.

20세기 중반 이후 서구 문화 인류학자들은 자기 사회의 여러 현장들에 눈을 돌리기 시작했어요. 도시의 빈민가, 병원, 학교, 기업, 공장, 관공서, 군대, 교회 등이 그것입니다. 그렇다면 본래 그런 곳들을 주로 연구해 온 사회학과 무엇이 다를까요? 특별히 문화에 더 초점이 맞춰져 있다고 대답할 수 있습니다. 그리고 문화 인류학이 오랫동안 축적해 온 세밀한 현지 조사와 관찰의 방법도 중요하고요. 그러나 이제는 학문들 사이의 경계가 점점 희미해지고 있습니다. 서로 영향을 주고받으면서 풍부해지는 것이지요.

04

문화 인류학을 공부하려면
어떤 능력이나
자질이 있어야 하나요?

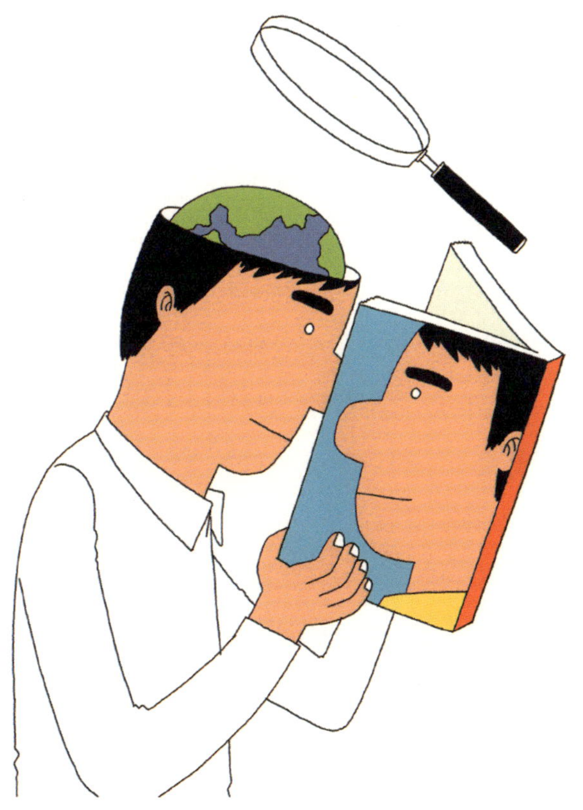

문화 인류학을 공부하려면 인간에 대해 호기심이 많아야 합니다. 어디에서 어떤 사람을 만나든, 겉으로 드러나는 것 이상의 그 무엇을 알고 싶어 해야 합니다. 그것은 뒷담화를 즐기는 것과 전혀 다릅니다. 기본적으로 인간에 대한 예의와 존경을 갖추면서, 개인이나 집단을 움직이는 여러 가지 힘들을 탐구하는 것입니다. 그것은 결국 나 자신을 더욱 깊이 들여다보는 일로도 연결됩니다.

문화 인류학을 재미있게 공부하려면 처음 보는 사람들에게 마음을 열고 말을 건네는 용기가 있어야 합니다. 친하고 편한 사람들끼리만 어울려서는 곤란하다는 말입니다. 익숙한 세계에 갇혀서 자기의 생각에 붙들려 있는 것이 아니라, 고정 관념을 과감하게 깨부수는 것에서 기쁨을 느끼는 사람일수록 문화 인류학은 흥미진진한 공부가 될 것입니다. 당연하게 여겨지는 일들에 대해 끊임없이 질문을 던지는 태도를 문화 인류학은 요구합니다.

또 한 가지, 현지 조사를 하기 위해서는 적응력이 뛰어나야 합니다. 낯선 곳에서 장기간 머물며 살아가는 것은 큰 고생입니다. 생활이 불편할 뿐 아니라 사람들이 나를 무척 힘들게 할 수 있습니다. 하지만 그 모든 것을 배움의 과정으로 여기면서, 탐험가처럼 즐길 수 있어야 합니다. 이는 창의성의 핵심적인 역량과도 직결되는데, 문화 인류학을 열심히 공부하다 보면 그런 기질이 생겨나기도 합니다.

05

문화 인류학자가 자동차 디자인에도 참여한다고요?

기업이 제품을 개발할 때 현지 조사로 알아낸 것이 결정적인 자료가 되는 경우가 많이 있습니다. 디자인도 그런 분야 가운데 하나입니다. 예를 들어 휴대폰을 제조할 때 어느 나라 소비자들을 겨냥하느냐에 따라 전략이 달라집니다. 한국의 어느 휴대폰 제조사의 경우, 이슬람권에 수출하는 기기에 나침반 기능을 첨부했습니다. 하루에 다섯 번 사우디아라비아에 있는 메카를 향해 기도를 하는 의례에 도움을 주기 위해서입니다.

인도에 수출하는 휴대폰은 배터리의 지속 시간을 더욱 늘리고 외양을 화려하게 했습니다. 사람들이 휴대폰으로 길게 자주 통화한다는 것, 휴대폰을 장식품처럼 여긴다는 것에 착안한 것으로 결과적으로 최고의 매출을 올릴 수 있었습니다. 이런 디자인은 현지에서 인도인들이 휴대폰을 사용하는 방식을 면밀하게 관찰하고 분석한 자료를 토대로 나온 것입니다.

미국의 대표적인 IT 회사 가운데 하나인 인텔이 문화 인류학자를 100명이나 고용하고 있다고 하네요. 아무리 뛰어난 기술을 가지고 있어도, 그 기기를 사용하는 나라들의 다양한 문화를 이해하고 그들 사이의 차이를 헤아리는 안목이 없으면 소용이 없기 때문입니다. 스티브 잡스도 애플의 성공 비결을 인문학과 기술의 결합이라고 요약한 바 있습니다. 안랩도 해외에 진출할 때 철저한 현지 조사와 이용자 경험 연구를 토대로 많은 성과를 냈다고 합니다. 이렇듯 첨단 제품을 개발하는 기업들은 사람과 문화를 알기 위해 노력을 기울이고 있습니다.

자동차 제조업에서도 문화 인류학이 응용됩니다. 2000년 독일의 크라이슬러사는 미국의 소비자들이 어떤 자동차를 원하는지에 대해 문화 인류학 전문가에게 의뢰했습니다. 그 결과 자기들이 어렸을 때 보았던 자동차를 동경한다는 것, 처음 자동차 열쇠를 받았을 때의 설렘이 많은 미국인의 기억 속에 강하게 남아 있다는 것을 알아냈습니다. 그것을 토대로 크라이슬러사는 기본 개념을 '독특하면서도 해방감을 느낄 수 있는 차'로 잡고, 옛날의 갱들이 타던 자동차를 연상하게 하는 복고풍 디자인을 내놓았습니다. 그 차는 5년 동안 100만 대나 판매됐다고 합니다.

미국의 렌터카 업체인 아비스는 1990년대 중반 고객 만족도가 떨어지자 미래학자, 심리학자, 문화 인류학자들로 연구 팀을 구성해 원인을 분석해 보았습니다. 그 결과 고객들에게는 신속한 서비스나 깔끔한 자동차보다 여행에서 오는 스트레스와 불안이 더 중요하다는 것을 알아냈다고 합니다. 그래서 차를 바꾸는 장소에 운행 상황 표를 설치하고, 고객 특별 보호원이 안내를 해 주는 서비스를 통해 고객 만족도 조사에서 선두를 유지할 수 있었습니다.

현장을 세밀하게 들여다보아야 하는 또 다른 분야로 도시 계획이나 건축을 들 수 있습니다. 이런 일이 있었습니다. 사막에 사는 어느 유목민들에게 고급 주택을 지어 주었는데, 낮에는 거기에서 지내다가도 밤이 되면 바깥에 나가서 잠을 자더라는 것입니다. 알고 보니 유목민에게는 낙타를 끼고 잠자는 오랜 전통이 있었습니다. 새로 지어 준 집에는 낙타를 들여놓을 수 없었던 것이죠. 거주자의 습관을 무시하면 아무리 좋은 건축도 빛을 잃을 수 있음을 보여 주는 사례입니다. 그래서 건축가에게 모든 것을 맡겨 버리는 것이 아니라, 입주자들이 디자인 과정에 참여해서 자신의 의견을 계속 이야기하면서 건축가와 의논하는 방식이 최근에 많이 권장됩니다.

지금까지 소개한 사례들의 공통점이 있습니다. 얼핏 보아서 잘 드러나지 않는 문화의 뒷면을 살핌으로써 실용적인 가치를 만들어 내거나 문제를 해결하는 것입니다. 다양한 문화들 사이의 접촉이 활발해지는 지구촌 시대에, 기업에서 문화 교류 그리고 국제 원조에 이르기까지 상대방의 문화를 정확하게 이해하는 작업은 점점 중요해진다고 할 수 있습니다. 그것은 머리만이 아니라 가슴으로도 함께 이뤄져야 합니다. 날카로운 이성과 섬세한 감수성이 병행해야 한다는 말입니다. 문화 인류학에서 오랫동안 쌓아 온 현지 조사의 경험과 방법은 유용한 길잡이가 될 때가 많습니다.

06

마케팅에서도
문화 인류학이
필요하다고요?

디자인과 비슷하게 마케팅에서도 다른 문화를 열심히 연구합니다. 엉뚱하게 실수를 하거나 의도와 빗나간 결과가 생기는 경우가 종종 있기 때문입니다. 예를 들어 미국에서 방취제(몸의 냄새를 제거하는 약) 광고를 애니메이션으로 제작했는데, 문어가 등장하여 방취제를 손에 쥐고 겨드랑이에 뿌리는 모습이었습니다. 광고는 재미있다는 평가를 받았고 소비자들로부터도 호응을 얻어 물건도 많이 팔렸습니다.

그래서 그 광고를 그대로 일본에서도 내보냈는데 반응이 썰렁했습니다. 알고 보니 문어를 보는 방식이 문제였습니다. 미국인들은 문어의 몸통에 달려 있는 것을 손이라고 생각하는데 비해, 일본인들은 다리라고 생각합니다. 그러니까 미국인들은 그 문어가 방취제를 겨드랑이에 뿌리고 있다고 보지만, 일본인들은 사타구니에 뿌리고 있다고 보는 것입니다. 그 제품을 외면한 이유입니다.

세계적인 대형 할인 매장인 월마트와 카르푸가 한국에 진출했다가 실패하고 철수한 일이 있습니다. 한국의 주부들이 채소를 고를 때 무엇을 중시하는지를 섬세하게 고려하지 않았고, 서양인에게 익숙한 진열대의 배치가 한국의 소비자들을 불편하게 만들었던 것 등이 원인으로 지적됩니다. 이런 시행착오들이 거듭되면서 현지의 사정을 여러 가지 측면에서 분석하는 것이 필요해지는데, 문화 인류학적인 현장 관찰 방법이 유용하다고 합니다.

 주니어 대학

07

식인 풍습을
가진 부족이
실제로 있나요?

어쩔 수 없이 인육(人肉)을 먹게 되는 경우가 있습니다. 1972년 45명의 승객을 태우고 우루과이에서 칠레로 향하던 비행기가 안데스 산맥 근처에서 폭풍을 만나 산에 부딪혀 날개가 부러지면서 추락하고 말았습니다. 이 사고로 12명이 즉사하고, 33명이 살아남았습니다. 하지만 고립된 고원에서 맹추위와 배고픔을 못 이겨 하나둘씩 죽어 갔지요.

그러다가 그 가운데 세 사람이 목숨을 걸고 열흘 동안 걸어가서 세상에 소식을 알려 결국 16명이 구조되었습니다. 사고가 난 지 72일 만의 일이었습니다. 그런데 그 악전고투 속에서 생존자들은 앞서 죽은 사람들의 신체를 잘라 먹으면서 목숨을 이어 간 것으로 밝혀졌습니다. 이렇듯 극한 상황에서 인육을 먹는 일은 가끔 있습니다.

식인이 하나의 문화로 이어져 온 경우가 있습니다. 뉴기니의 어떤 부족에서는 가족이나 친척이나 가까운 친구가 죽으면 그의 혼을 나누어 갖기 위해서 시체의 일부를 먹는 풍습이 20세기까지 있었습니다. 말하자면 장례의 한 절차인데, 그렇게 인육을 먹다 보니 '쿠루(광우병과 비슷한 치명적인 뇌 질환)'라는 희귀병이 만연하기도 했습니다.

한편 적대적인 관계에 있는 부족의 사람들을 죽여서 그 고기를 먹는 경우도 있습니다. 전쟁 중에 적을 살해해서 그 인육을 먹는

 주니어 대학

사례는 많이 보고되어 왔습니다. 증오와 복수심에서 우러나오는 행위인데, 상대방의 힘을 빼앗아 내 것으로 만든다는 생각이 거기에 깔려 있습니다.

한국에서는 어떠했을까요? 『삼국유사』에는 흉년이 들어 굶주린 아버지에게 자신의 허벅지 살을 베어서 먹인 어느 신하의 이야기가 나옵니다.

『조선왕조실록』을 보면 중종 때 병을 고치는 약으로 인육을 먹는 일이 있었고, 선조 때는 사람을 죽여 간을 빼내 팔아넘긴 죄로 여러 명이 체포된 사건이 기록되어 있습니다.

1920~1950년대에도 인육을 먹으면 난치병이 낫는다는 미신이 퍼져, 무덤을 파헤치거나 살인을 저지르는 범죄가 간간이 일어났어요. 이렇게 보면 인육을 먹는 일은 생각보다 많았다고 할 수 있습니다. 하지만 우리가 식인종 하면 흔히 연상하는 것처럼 보통의 식사를 위해 사람을 잡아먹는 무리는 없습니다.

현대인에게 비만이 많은 까닭은 무엇인가요?

오랫동안 인류를 괴롭힌 것은 각종 세균들이었습니다. 20세기에 들어와서 공중위생과 예방 의학 그리고 항생제 덕분에 그런 천적들을 웬만큼 물리칠 수 있게 되었습니다. 이제 전염병이나 감염은 옛날만큼 기승을 부리지 않습니다. 그런데 그 대신 다른 질환들이 우리의 생명을 위협하기 시작했습니다. 암, 뇌졸중, 심장 질환, 당뇨병 등이 그것입니다. 한국에서도 주요한 사망 원인이지요.

암은 오래된 질병이지만 현대 사회에서 크게 늘어났는데, 수명이 연장된 것이 한 가지 원인입니다. 평균 수명이 40세가 안 되었을 때는 암 세포가 충분히 자라나기 전에 사람들이 다른 이유로 죽어 버린 것입니다. 거기에다가 도시 환경과 생활 습관이 그 발병률을 높입니다.

인류는 늘 배고픈 상태에서 지내 왔습니다. 우리의 몸은 그런 환경에 적응이 되어 왔어요. 어쩌다 포식할 수 있는 상황이 되면 여분의 칼로리를 지방질로 최대한 전환해서 저장해 두도록 유전자가 작동한 것입니다.

그런데 갑자기 음식이 풍부해졌지요.(예를 들어 1860년 이후 40년 사이에 전 세계의 설탕 제조가 무려 5배 늘었다고 합니다.) 이제는 영양분을 비축할 필요가 없는데도 몸은 예전의 프로그램을 계속 가동시킵니다. 소금이 귀하던 시절에는 짠맛을 좋아하는 체질이 생존에 유리했지만, 이제는 정반대가 되었습니다. 그 결과 혈관에 문제가 생기고 비만이 점점 늘어납니다.

여러분은 어떤 음식을 좋아하나요? 기름기가 많고 조미료가 잔뜩 들어간 먹을거리들, 온갖 인스턴트식품과 패스트푸드의 유혹은 매우 강렬합니다. 그러나 다른 동물들과 달리 인간의 욕망은 생명의 필요를 배신할 때가 많습니다. 건강에 정말로 유익한 것을 원하지 않고, 엉뚱하게도 몸에 해로운 것을 자꾸만 입에 넣는 것입니다. 너무 빠른 문명의 변화에 우리의 몸이 미처 적응하지 못했기 때문입니다.

우리의 몸은 아직도 신석기 시대에 맞춰져 있다는 것을 잊지 맙시다. 따라서 우리의 욕망을 잘 헤아리고 절제해야 합니다. 과식을 부추기는 유전자의 명령을 고분고분 따르면 스스로 생명을 파괴하는 결과에 이르게 되니까요.

결혼 제도는
변할까요?

인간은 아무렇게나 짝짓기를 하지 않습니다. 모든 문화는 남녀 사이의 결합에 일정한 질서를 부여하고 있습니다. 결혼 제도는 가장 명확하게 드러나는 규범입니다. 그런데 인류의 오랜 역사 속에서 결혼은 개인의 선택이 아니라 집단의 결정에 의해 이뤄졌습니다.

케냐의 루오 족에는 '그들은 우리의 적이고, 우리는 그들과 결혼한다.'라는 말이 있어요. 적대 관계에 있는 집단과 사돈을 맺음으로써 동맹 관계로 전환하면서 힘을 키울 수가 있잖아요. 그렇듯 결혼은 집단들 사이의 결속을 다지는 끈이었습니다. 결혼이 이뤄지는 과정에서 선물이나 돈이 오가는 것도 같은 맥락에서 이해할 수 있습니다.

어느 문화 인류학자의 조사에 따르면, 신랑 쪽이 신부 쪽에 '신부대'를 지불하는 관습을 절반 가까이의 사회가 지니고 있었고, 반대로 신부 쪽이 신랑 쪽에 '지참금'을 보내는 사회는 4퍼센트 정도였다고 합니다. 한국의 혼수와 예단은 후자에 해당하지요.

당사자들의 사랑이 전제가 되는 결혼은 유럽에서 18세기 무렵에 등장했습니다. 산업화와 함께 임금 노동 시장이 넓어지면서 젊은이들이 농촌과 부모의 품을 떠나 독립할 수 있게 되자, 결혼은 개인의 일이 되었습니다. 그리고 계몽주의 사상의 영향으로 낭만적 사랑이 배우자 선택에서 가장 중요한 기준이 되었어요. 그래서

   주니어 대학

사랑이 식으면 결혼도 지속할 이유가 없다면서 이혼을 하기도 합니다.

한국의 결혼 풍습은 어떤가요? 당사자 간의 사랑이 절대적인 듯하지만 부모들의 영향력이 여전히 매우 강합니다. 혼수와 예단 문제로 파혼이나 파경에 이르는 경우도 종종 있잖아요.

21세기에 접어들어 결혼의 의미는 또다시 바뀌고 있습니다. 결혼 적령기가 점점 없어져 갈 뿐 아니라, 결혼 그 자체가 하나의 선택지가 되고 있습니다. 미혼(未婚) 대신 생겨난 비혼(非婚)이라는 말이 그것을 상징하지요.

그리고 프랑스에서는 연애와 결혼의 중간 형태로서, 파트너혼이라는 것도 등장했습니다. 정식으로 결혼하지 않았지만 법적으론 정상적인 가정의 혜택을 받을 수 있도록 지원하는 제도입니다. 저출산 대책의 일환이기는 하지만, 결혼과 가족이 앞으로 여러 가지 모습으로 변화해 갈 수 있음을 암시하는 듯합니다.

사람들 사이의
대립과 다툼은 왜
끊이지 않을까요?

모든 동물들은 치열하게 생존해 갑니다. 다른 종(種)들끼리는 물론 같은 종 안에서도 자신의 서식지를 확보하기 위해 경쟁을 벌이지요. 짝짓기를 위해서 암컷을 놓고 수컷들이 사납게 다투는 모습도 흔히 목격됩니다. 그러나 자연계는 경쟁으로만 가득한 것이 아닙니다. 서로의 약점을 보완하면서 먹이를 구하고 안전한 터전을 만들어 내는 등 협동에도 능합니다.

인간 사회에서도 경쟁과 협동이 늘 함께 있어 왔습니다. 그런데 경쟁이 지나쳐서 잔혹한 전투로 확대되는 일이 너무 잦습니다. 인간처럼 같은 종끼리 조직적으로 무참하게 살육하는 동물은 없는 듯합니다. 왜 그렇게 폭력적이 되었는지에 대해서는 1부 4장의 '사람이 스스로를 길들이는 질서'에서 문명사적인 배경과 함께 설명한 바 있습니다. 여기에서는 그에 덧붙여 인간의 마음이라는 차원에서 잠깐 살펴볼까 합니다.

우리는 다른 동물들과 달리 여러 가지 기준으로 무리 짓기를 좋아합니다. '나'와 '너', '우리'와 '그들'을 구별하는 경계선이 매우 복잡하게 얽혀 있어요. 사람들이 자신의 정체성을 갖는 집단의 범주들을 살펴봅시다. 혈연, 지연, 학연, 국적, 종교, 계층, 신분, 지위, 정치적 입장, 취향(동호회, 팬클럽 등)……. 그 외에도 그때그때 생겨나는 조직과 그 안에서의 위치에 따라서 이합집산합니다. 이러한 집단의 분화와 다양한 소속은 문명의 진화 과정에서 생활의 편의를 도모하고 광대한 사회의 질서를 세우는 데 도움이 되기도 했습니다.

그러나 소속감이 지나쳐 자신이 속한 집단을 절대화하면서 상대방을 부정하고 더 나아가 악마로 여기는 습성이 문제입니다. 역사 속에 존재하는 많은 비극이 거기에서 비롯됩니다. 그 뿌리에는 무엇이 있을까요? 바로 두려움입니다. 즉 타자를 경계하는 태도입니다. 두려움은 자기 보호를 위해 필요한 감정입니다. 정체가 모호한 존재에게 아무 거리낌 없이 다가간다는 것은 위험하니까요. 하지만 두려움이 필요 이상으로 커지고, 전혀 두려워할 이유가 없는데 공포심에 사로잡히는 것은 심각한 결과를 초래합니다.

지구촌 시대에 우리는 자신과 매우 다른 이들과 어울려 살아야 합니다. 그런데 우리에게는 아직도 원시 부족 시대의 관성이 남아 있어서, 낯선 사람이나 이질적인 집단에 대해 거부감을 드러내면서 추방과 소탕의 대상으로 삼는 경우가 종종 있습니다. 한국에서도 종종 나타나는 외국인 혐오증(제노포비아)이 그것입니다. 우리가 흔히 집착하는 이런저런 '차이'들은 알고 보면 매우 사소한 것일 때가 많아요. 보는 눈을 조금만 바꾸면, 차이는 다양성을 촉진하면서 삶을 풍부하게 해 줍니다. 다름이 불러일으키는 긴장을 멋진 창조의 에너지로 바꾸는 지혜와 용기, 21세기가 요구하는 문화입니다.

     주니어 대학